Herbert Rhein
Todesart: nicht natürlich

Mit Mikroskop und Skalpell auf Verbrecherjagd

Herbert Rhein

Todesart: nicht natürlich

Mit Mikroskop und Skalpell auf Verbrecherjagd

MOEWIG

In der Reihe »Todesart: nicht natürlich« sind außerdem erschienen:

- Nicole Drawer: Mit modernster Technik dem Täter auf der Spur
- Nicole Drawer: Ungeklärte Todesfälle auf dem Seziertisch

www.MOEWIG.de
Lektorat: Sonja Kerkhoffs
Originalausgabe

Umschlagfoto: Premium Stock Photography GmbH
Printed in Germany
ISBN 10: 3-8118-1907-0
ISBN 13: 978-8-8118-1907-8

Inhalt

Einführung

Sherlock Holmes' Erben

Es ist erst hundert Jahre her, dass Sir Arthur Conan Doyles' Romanheld Sherlock Holmes zur Kultfigur der technischen und wissenschaftlichen Aufklärung von Verbrechen wurde. Sein Markenzeichen – das Vergrößerungsglas – hat mittlerweile ausgedient, aber die ihm zugrunde liegende Methode ist geblieben. Heute werden die Verbrecher mit den modernsten technischen Hilfsmitteln gejagt und durch wissenschaftliche Erkenntnisse überführt. Die Lupen der Neuzeit sind hochmoderne elektronische Raster-, Interferenz- und Laserscan-Mikroskope. Mit millionenfachen Vergrößerungen und präzisen Abbildungsverfahren können sie selbst die winzigsten Spuren eines Verbrechens sichtbar machen.

Die Holmes von heute sind Wissenschaftler, genauer gesagt, forensische Wissenschaftler, die diese sichtbar gemachten Spuren interpretieren und zu einem schlüssigen Bild zusammenfügen. Ihr Arbeitsbereich ist der Tatort, an dem sie die Spuren sammeln, ebenso wie das Labor, in dem sie ihre Funde auswerten.

Dank der neuesten Erkenntnisse auf dem Gebiet der Medizin, insbesondere der Genforschung, aber auch in den Bereichen der Mikrobiologie, Toxikologie, Anthropologie, Ethnologie, Psychologie, Graphologie, Entomologie sowie in vielen anderen wissenschaftlichen Disziplinen, können heute Verbrechen aufgeklärt werden, die noch vor wenigen Jahren als unlösbar galten. Fliegen, Ameisen, Maden und Wespen können Täter seitdem genauso überführen, wie der Nachweis von Drogen im Haar oder die DNA eines Lippenabdruckes auf einem Zahnputzglas.

Mit den modernsten Methoden und Geräten finden Wissenschaftler heute selbst bei lange zurückliegenden Fällen noch beweisfähige Spuren. Manch ein Verbrecher landete daraufhin für eine Tat, die er längst verdrängt hatte, unvermutet auf der Anklagebank.

Mit ihrer Arbeit leisten die forensischen Wissenschaftler auch entscheidende Beiträge für die Aufdeckung von Justizirrtümern. Unschuldige werden dadurch rehabilitiert und erlangen ihre Freiheit wieder.

Dieses Buch berichtet von der Arbeit und dem Können eben dieser Wissenschaftlerinnen und Wissenschaftler, aber auch von all jenen Beamtinnen und Beamten, die Verbrecher mit den Methoden der klassischen Kriminalistik aufspüren. Anhand von besonders interessanten Fällen wird gezeigt, mit welchen spektakulären Vorgehensweisen einige Verbrecher in den letzten Jahren überführt werden konnten.

Um die Opfer sowie ihre Angehörigen zu schützen und um zu verhindern, dass sie das vergangene Schicksal noch einmal durchleben müssen, wurden die Namen der handelnden Personen und der jeweiligen Handlungsorte geändert. Die Leistungen der forensischen Wissenschaftler bleiben davon jedoch unberührt.

Kapitel 1

Mit Ameisen, Maden und Fliegen dem Verbrechen auf der Spur

Die kopflose Ameise – Ein Entomologe interpretiert

Am Samstag, den 10. Juli, fuhr Hannelore Schlüter um 7 Uhr von ihrem Haus in Buchholz zu einem nahe gelegenen Forst in der Lüneburger Heide. In Sprötze, einem kleinen Ort, etwa sieben Kilometer von Buchholz entfernt, bog sie von der Bundesstraße 3 auf einen Wirtschaftsweg ab. Seitdem die Blaubeeren reif waren, nutzte sie jeden freien Samstagmorgen zum Pflücken. Anschließend verarbeitete sie die Beeren zu Marmelade und Fruchtwein. Wie so oft, hatte sie auch an diesem Tag Moritz, ihren verspielten dreijährigern Foxterrier, dabei. Frau Schlüter parkte ihren Golf wie immer an einer Einbiegung zu einem Forstweg, der in einen lichten Kiefernwald führte und sich dort nach einigen hundert Metern verlor. Der Waldboden war mit kniehohen Blaubeerbüschen bedeckt.

Ausgerüstet mit einem Eimer und Gummihandschuhen, mit denen sie ihre Hände vor dem stark färbenden Saft der Blaubeeren schützen wollte, stieg sie langsam von Busch zu Busch den Hang hinauf.

Moritz raste, aus der Enge des Wagens befreit, sofort davon. Frau Schlüter hatte, obwohl es verboten war, keine Sorge ihn frei im Wald laufen zu lassen, denn um diese Stunde hatte sie noch nie jemanden in diesem Teil des Waldes angetroffen. Angst, Moritz könne davonlaufen, hatte sie auch nicht. Ihr Hund hielt es nie lange ohne sie aus. Heute jedoch war es anders. Moritz ließ sich eine ganze Weile nicht blicken. Irgendwann hörte Frau Schlüter dann ein zorniges Knurren und Bellen aus der Kiefernschonung, die sich neben dem Wirtschaftsweg am Hang hochzog.

Frau Schlüter rief nach ihrem Hund, doch Moritz ließ sich nicht blicken, was überhaupt nicht seiner Gewohnheit entsprach. Das Gebell aus der Kiefernschonung wurde lediglich lauter und fordernder. Frau Schlüter rief ein zweites und dann sogar noch ein drittes Mal sehr bestimmt nach ihrem Hund. Erst da erschien er am Rand der Schonung. Laut kläffend blieb er stehen, lief ein paar Schritte in die Schonung hinein und kam dann bellend wieder zurück. Nachdem er auf diese Weise dreimal hin- und hergelaufen war, wusste Frau Schlüter, dass er ihr etwas zeigen wollte. Verärgert über dieses ungezogene und untypische Verhalten ihres Hundes, stellte sie ihren Blaubeereimer ab und folgte Moritz in die Schonung. Sie dachte dabei an nichts Schlimmes. Wahrscheinlich hatte Moritz lediglich einen Tierkadaver oder irgendwelchen Unrat entdeckt, auf den er sie nun aufmerksam machen wollte. Umso entsetzter war sie, als sie nach etwa 15 Metern den Körper einer nackten Frau im Unterholz entdeckte. Er war fürchterlich zugerichtet. Bei seinem Anblick musste Frau Schlüter sich sofort übergeben. Ohne zu überlegen, griff sie nach dem Halsband ihres Hundes und zerrte ihn aus der Schonung. Dass sie dabei Gras und Sträucher niedertrampelte und zahlreiche Kiefernzweige abbrach, beachtete sie nicht. Sie hatte nur den Wunsch, diesen Waldbereich so schnell wie möglich zu verlassen.

Welchen Weg sie dabei genommen hatte, konnte sie später nicht mehr mit Sicherheit sagen. Sie erinnerte sich nur daran, dass sie von ihrem Handy aus die Polizei angerufen hatte.

Als nach etwa 15 Minuten zwei Polizisten in einem Streifenwagen neben ihr hielten, stand sie noch immer unter Schock. Ohne sich von dem Stein, auf dem sie saß, zu erheben, wies sie den Beamten den Weg zum Fundort. Sprechen konnte sie dabei kaum.

Eineinhalb Stunden später wimmelte es im Wald nur so von Beamten. Der Fundort war weiträumig abgesperrt worden, und die Staatsanwaltschaft, die Kriminalpolizei und die Rechtsmedizinerin hatten mit ihren Untersuchungen begonnen.

Aus kriminaltechnischer Sicht war der Fundort eine reine Katastrophe. Was immer es an Spuren gegeben haben mochte, war durch das Herumspringen des Hundes und der panischen Flucht seines Frauchens zerstört worden. Trotzdem wurde das Gelände um die Leiche herum Zentimeter für Zentimeter abgesucht. Das Ergebnis war gleich Null. Weder am Boden noch an den Zweigen der jungen Kiefern waren verwertbare Spuren zu entdecken. Zwar stießen die Beamten auf zahlreiche abgerissene Nadeln oder geknickte Zweige, doch diese konnten auch verschiedene Waldtiere oder die in Panik geratene Zeugin hinterlassen haben.

Die Leiche befand sich in einem entsetzlichen Zustand. Der Körper wies zahlreiche Wunden auf. Sie deuteten auf

Bissspuren hin, die wahrscheinlich durch Füchse, Ratten oder andere Nagetiere verursacht worden waren. Kopf und Gesicht waren bis zur Unkenntlichkeit entstellt. Die Schädeldecke war an zwei Stellen zertrümmert. Gehirnmasse war aus dem Kopf gequollen und teilweise von Tieren, Insekten und Maden aufgefressen worden. Das Gesicht war durch mehrere Schläge mit einem harten Gegenstand unkenntlich gemacht worden. Teile des Ober- und Unterkiefers fehlten.

Den ermittelnden Ersten Kriminalhauptkommissar Peter Hähnlein stellte dieser Fall vor zahlreiche Fragen, die ihm die Rechtsmedizinerin Dr. Ursula Rathjens zunächst nur teilweise beantworten konnte.

Genaue Angaben zum Zeitpunkt und zur Ursache des Todes, das wusste Hähnlein, konnten erst nach der Obduktion gemacht werden. Vorerst interessierten ihn daher Dr. Rathjens erste Eindrücke.

Diese fasste ihre Ergebnisse nach der vorläufigen Untersuchung der Leiche am Fundort folgendermaßen zusammen: Mit nahezu hundertprozentiger Sicherheit war die Tote ermordet worden. Kein Sturz und kein in diesem Waldbereich lebendes Tier hätte ihren Schädel so zurichten können. Der Fundort der Leiche war zudem nicht der Tatort. Die Ermordete hatte nach ihrem Tod zunächst auf der Seite und nicht wie hier auf dem Rücken gelegen. Das Blut hatte sich in der linken Körperseite gesammelt. Da das Herz bei Eintritt des Todes aufhört, Blut durch den Körper zu pumpen, folgt das Blut dem Gesetz der Schwerkraft und sinkt auf die tiefste Stelle des Körpers hinab. Im Falle der Toten war es die linke Seite gewesen.

Dass der Fundort nicht der Tatort sein konnte, war auch Hähnlein schnell klar gewesen. So wie das Gesicht der Toten zugerichtet worden war, hätte die Spurensicherung unzählige Blutspuren finden müssen. Gefunden hatte sie jedoch nichts. Außerdem sprach das dichte Gestrüpp ringsum generell dagegen, dass die Schonung der Tatort sein konnte. Wäre die Frau hier getötet worden, hätte der Täter sie nur mit Gewalt in das feuchte Dickicht schleppen können. Dabei wäre er wohl auf erhebliche Gegenwehr gestoßen, was wiederum deutliche Spuren hinterlassen hätte.

Dr. Rathjens vorläufigen Untersuchungen zufolge waren der Leiche die Wunden erst nach dem Tod beigebracht worden, worauf die geringen Blutspuren an den Wundrändern hinwiesen. Die Verletzungen an der Schädeldecke und im Gesicht waren wahrscheinlich durch Schläge mit einem stumpfen, harten Gegenstand verursacht worden. Auch die Schläge, durch die das Gesicht unkenntlich gemacht worden war, waren erst einige Zeit nach dem Tod des Opfers erfolgt. Als Todesursache würden sich mit neunzigprozentiger Sicherheit ein oder mehrere Schläge auf den Schädel erweisen, bei dem dieser zertrümmert worden war.

Hinsichtlich des Todeszeitpunkts konnte Dr. Rathjens vorerst nur eine vage Vermutung anstellen. Bei der Bestimmung mussten Faktoren wie die Temperatur am Boden der Schonung, die Luftfeuchtigkeit der Umgebung, die allgemeine Wetterlage, die Verwesungsmerkmale und die Insektenpopulation an den Wunden berücksichtigt werden. Grob geschätzt musste die Tote jedoch etwa seit vierzehn Tagen am Fundort gelegen haben.

Ungewöhnlich war, dass der Täter der Toten Teile des Ober- und Unterkiefers entfernt hatte. Wie es aussah, waren sie herausgeschlagen worden. Die Polizei konnte die Leiche somit nicht anhand individueller Gebissmerkmale identifizieren. Aus dem gleichen Grund war

Dr. Rathjens Ansicht nach auch das Gesicht zertrümmert worden.

Für Hähnlein waren diese Erkenntnisse insofern interessant, als sie einen Einblick in die Psyche des Täters erlaubten. Hähnlein konnte nun davon ausgehen, dass er nach einem Täter fahnden musste, der intelligent genug war, bei seinem Handeln polizeiliche Identifizierungsmethoden zu berücksichtigten, und zugleich so brutal und skrupellos, dass er sein wahrscheinlich gerade erst getötetes Opfer mühelos verstümmeln konnte.

Während Hähnlein die in einem Mordfall üblichen Ermittlungsschritte einleitete, führte Dr. Rathjens in der Rechtsmedizin die Obduktion der Leiche durch.

Dr. Rathjens war eine erfahrene Pathologin, und obwohl sie ausreichend Routine hatte, ging sie bei all ihren Untersuchungen mit der gleichen akribischen Genauigkeit vor, als bearbeite sie ihren ersten Fall. In ihrem pedantischen Bemühen, auch nicht die geringste Kleinigkeit zu übersehen, brachte sie ihre Assistenten so manches Mal zur Verzweiflung.

Bevor sie mit der eigentlichen Obduktion begann, entfernte Dr. Rathjens alle Fremdkörper von der Leiche. Im Wesentlichen handelte es sich dabei um Kiefernnadeln, Moos, Blattwerk von Blaubeeren und Ameisen. Die Funde wurden gesammelt und von einem Assistenten zur späteren Archivierung nach Art und Fundort eingeteilt und auf einem Diktiergerät festgehalten.

Die Untersuchung der Toten bestätigte, was Dr. Rathjens bei der ersten Begutachtung am Fundort bereits festgestellt hatte. Danach handelte es sich bei der Toten um eine 25- bis 30-jährige Frau, die durch einen Schlag auf die rechte Schädelseite ums Leben gekommen war. Alle anderen Verletzungen im Gesicht und am Kopf waren ihr nach dem Tod zugefügt worden. Sah man einmal von den vielen Bisswunden ab, so waren an dem Leichnam keine weiteren Verletzungen festzustellen. Spuren, die auf einen Kampf hingedeutet hätten, gab es nicht. Die Tote musste entweder von ihrem Mörder überrascht worden sein, oder sie hatte ihn gekannt. Für Letzteres sprach die Tatsache, dass Dr. Rathjens trotz der Verwesungen in der Vagina noch Spuren von Sperma entdeckt hatte. Da am und im Geschlechtsbereich keine Verletzungen zu finden waren, wie sie bei Abwehrreaktionen bei einer Vergewaltigung aufzutreten pflegen, durfte angenommen werden, dass die Tote zu ihrem letzten Geschlechtsverkehr freiwillig bereit gewesen war.

Die weiteren Untersuchungen ergaben, dass die Tatzeit 20 bis 23 Tage zurücklag. Außerdem war die Tote sportlich durchtrainiert und zum Zeitpunkt ihres Todes in einer guten körperlichen Verfassung.

Trotz ihrer langjährigen Berufserfahrung empfand es Dr. Rathjens als besonders tragisch, dass die Tote zudem im dritten Monat schwanger gewesen war.

Auch wenn die brutalen Verletzungen im Gesicht, am Gebiss und am Kopf etwas Anderes vermuten ließen, hatte die Frau nicht unter ihnen gelitten. Der Tod war durch einen kräftigen Schlag auf die rechte Schädelseite eingetreten, bevor ihr diese Verletzungen zugefügt worden waren.

Die Ermittlungsgruppe unter der Leitung von Kriminalhauptkommissar Hähnlein war mit den Nachforschungen inzwischen keinen Schritt weitergekommen. Die Befragungen in Sprötze und Umgebung hatten zu keinen Ergebnissen geführt. Niemand hatte etwas Ungewöhnliches oder Verdächtiges bemerkt. Und auch die Überprüfung der als vermisst gemeldeten Personen brachte die Beamten nicht weiter. Unter ihnen gab es keine Frau, deren Beschreibung auf die Tote gepasst hätte. Die Bevölkerung bei den Ermittlungen einzubeziehen – eine Methode, die schon häufig bei Identifizierungen von Spuren, Opfern oder Tätern zu einem Durchbruch geführt hatte – wurde aufgrund der vorhandenen Faktenlage als wenig hilfreich angesehen und deshalb unterlassen.

Einige Tage nach der Obduktion nahm sich Dr. Rathjens ihren für die Staatsanwaltschaft und die ermittelnden Beamten verfassten Bericht zu Hause noch einmal vor. Sie hatte sich angewöhnt, schwierige Fälle eine Zeit lang ruhen zu lassen, um Abstand zu gewinnen. Zu leicht konnte es auch einer erfahrenen Pathologin passieren, im Eifer und unter dem Stress der Arbeit etwas Entscheidendes zu übersehen oder wichtige Funde nicht richtig zu interpretieren.

Schon bei den ersten Worten erschien vor ihrem geistigen Auge der Seziertisch mit der Frauenleiche. Schritt für Schritt führte Dr. Rathjens die Obduktion noch einmal aus. Als sie fertig war, hatte sie das unbestimmte Gefühl, etwas übersehen zu haben. Erneut ging sie all ihre Untersuchungsschritte durch, ohne jedoch auf Ungereimtheiten zu stoßen. Erst als sie den Bericht zum dritten Mal gelesen hatte, wusste sie, was sie übersehen oder, besser gesagt, welchen Fund sie nicht hinreichend gewürdigt hatte. Es handelte sich um die kleine, kopflose Ameise, die sie im Schamhaar der Toten entdeckt hatte. Alle anderen Ameisen, die sie gefunden hatte, waren größer und rot gewesen. Obwohl sie keine Ameisenexpertin war, glaubte sie, dass es sich um rote Waldameisen handelte. Die kopflose Ameise gehörte mit Sicherheit nicht zu dieser Spezies. Dafür sprach auch der fehlende Kopf. Wahrscheinlich hatten die roten Waldameisen den Fremdling als Eindringling in ihr Revier betrachtet und getötet.

Woher aber stammte die Ameise und wie war sie in die Schamhaare der Toten gelangt?

Für Dr. Rathjens gab es nur eine schlüssige Antwort. Sollte es keine kleinen, braunen Ameisen am Fundort geben, dann musste sie vom Tatort stammen. Zwar gab es noch die Möglichkeit, dass der Täter die Leiche irgendwo zwischengelagert hatte. Doch warum hätte er dieses zusätzliche Risiko eingehen sollen? Es war zwar eine Möglichkeit, aber eine recht unwahrscheinliche.

Gleich am nächsten Morgen bat Dr. Rathjens Kriminalhauptkommissar Hähnlein, den Fundort nach Ameisen absuchen zu lassen. Das Ergebnis war eindeutig: Hähnlein, der selbst zum Fundort hinausgefahren war, hatte nur rote Waldameisen entdeckt.

Um Klarheit über den Lebensraum der Ameise zu erhalten, die sie im Schamhaar der Toten gefunden hatte, rief Dr. Rathjens einen Biologen an der Universität Hannover an. Ihn hatte sie schon oft um Rat gefragt, wenn sie biologische Probleme beschäftigten. Der Biologe verwies sie an Dr. Reimer, einen Spezialisten auf dem Gebiet der Ameisenforschung. Dr. Reimer war sofort bereit, sich am nächsten Morgen um 10 Uhr mit ihr in der Gerichtsmedizin zu treffen.

Als Dr. Rathjens ihm das Reagenzglas mit der kopflosen Ameise zeigte und er diese unter dem Mikroskop betrachtete, erkannte er sofort, dass es sich um eine Ameisenart handelte, die in der Bundesrepublik nur an wenigen Orten vorkommt. Das einzige Siedlungsgebiet nördlich von Kassel lag in der Lüneburger Heide, östlich von Altensalzkoth, einem kleinen Ort auf halber Strecke zwischen Celle und Hermannsburg.

Da sich Dr. Reimer seiner Sache sicher war, informierte Dr. Rathjens Kriminalhauptkommissar Hähnlein ebenso wie den verantwortlichen Staatsanwalt. Hähnlein forderte noch am gleichen Tag Unterstützung durch einen ortskundigen Beamten für die am nächsten Tag geplante Untersuchung an.

Obwohl Dr. Reimer die Lage des Ameisengebiets genau beschrieben und in einer Karte markiert hatte, bat Dr. Rathjens ihn, das Ermittlerteam zu begleiten.

Am nächsten Morgen um 8 Uhr brach die Gruppe auf. Es regnete und die dunklen Wolken am Himmel versprachen keine Wetterbesserung. Das war keine gute Voraussetzung, das Ziel, das sich die Gruppe gesetzt hatte, zu erreichen.

Am Ortseingang von Altensalzkoth wurden sie von einem zur Unterstützung bereitgestellten Beamten empfangen. Der Staatsanwalt instruierte ihn anhand der von Dr. Reimer markierten Karte.

Der Beamte kannte die Gegend. Sie bestand, wie auch der angrenzende Bereich, aus einem hohen Kiefernwald mit wenig Unterholz. Am südlichen Ende des von Dr. Reimer markierten Bereichs gab es eine kleine Lichtung. An ihrem Rand stand eine Holzhütte, die hin und wieder als Wochenendhaus genutzt wurde. Sie gehörte einem Hamburger Kaufmann.

Das in Frage kommende Gebiet lag nur einen knappen Kilometer von ihrem Standort entfernt und war über eine Forststraße gut zu erreichen. Sowie die Gruppe dort angekommen war, übernahm der Staatsanwalt die Leitung der Untersuchung. Er bat Dr. Reimer, die Führung zu übernehmen. Die Ermittler durchstöberten etwa eine halbe Stunde lang das Gelände, bevor sie das erste Ameisennest gefunden hatten.

Dr. Rathjens nahm das Röhrchen mit der kopflosen Ameise aus ihrer Bereitschaftstasche und gab es dem Ameisenexperten. Dieser hatte keine Mühe festzustellen, dass die hier lebenden Ameisen und die tote zur gleichen Spezies gehörten. Langatmig erläuterte er die Übereinstimmungen.

Der Staatsanwalt sprach aus, was alle Anwesenden dachten. Das Verbrechen war mit großer Wahrscheinlichkeit in dieser Gegend begangen worden.

Der Vollblutpraktiker Hähnlein unterbrach daraufhin die weitschweifigen Ausführungen Dr. Reimers und schlug vor, das Gelände, vor allem aber die Holzhütte, nach Spuren zu durchsuchen.

Da die Tote vor dem Mord Geschlechtsverkehr gehabt hatte und dieser, wie es aus Dr. Rathjens Bericht hervorging, mit ihrem Einverständnis erfolgt sein dürfte, schien es ihm am wahrscheinlichsten, dass das Paar hierzu die nahe gelegene Hütte benutzt hatte.

Die restlichen Beamten pflichteten ihm bei und die Gruppe begab sich unter Führung des Ortspolizisten zu der besagten Hütte. Um bereits auf dem Weg dorthin nach Spuren zu suchen, stellten sie sich nebeneinander auf und marschierten in einem Abstand von etwa fünf Metern los. Als sie an der Hütte ankamen, wies Dr. Reimer die anderen auf ein weiteres Ameisennest hin. Es befand sich etwa einen Meter rechts neben dem Eingang am Fundament der Hütte.

Hähnlein versuchte unterdessen, die Eingangstür zu öffnen, ohne dabei eventuell vorhandene Fingerabdrücke zu verwischen. Zu diesem Zweck hatte er sich bereits auf dem Weg zur Hütte Latexhandschuhe übergestreift. Die Tür war nicht verschlossen, so dass sich hier möglicherweise jemand mit Gewalt Zugang verschafft haben könnte. Das antike Kastenschloss, mit dem die Tür abgesperrt wurde, wies jedoch keine neueren Kratzer oder sonstige Spuren von Gewaltanwendung auf. Zudem hätte es ohnehin selbst von einem Laien mühelos mit einem umgebogenen Draht geöffnet werden können, so dass man durch einen Einbruch allein nicht auf eine besondere Zielgruppe hätte schließen können, in der der Täter zu suchen gewesen wäre.

Hähnlein stieß die Tür auf und betrat die Hütte. Dr. Rathjens folgte ihm. Auch sie hatte mittlerweile Latexhandschuhe angezogen.

Das Innere der Hütte bestand aus einem einzigen Raum. Eine Hälfte diente als Wohnküche, die andere als Schlafstätte. In einem Anbau war eine Nasszelle eingerichtet. Die Schlafstätte konnte durch einen Vorhang, die Nasszelle durch eine Schiebetür vom Wohnbereich abgetrennt werden. Der Schlafbereich war mit einem etwa 1,60 Meter breiten Holzbett, einem Nachttisch und einem Kleiderschrank möbliert, die ihrem Design nach zu urteilen aus den frühen 70er-Jahren zu stammen schienen. Auf den Schränken und Ablagen hatte sich eine dicke Staubschicht gebildet. Hier hatte schon lange niemand mehr sauber gemacht. Im Gegensatz dazu waren der Tisch, die Stühle sowie das Bettgestell und der Nachttisch nur mit einem dünnen Staubfilm überzogen. Es war offensichtlich, dass jemand die Möbelstücke erst vor kurzem abgewischt hatte. Der Holzboden war gefegt und im Schlafbereich scheinbar auch nass gewischt worden. Trotzdem gab es an mehreren Stellen dunkle Flecke. Schwache, rechtwinklige Konturen und eine hellere Färbung der Dielen vor dem Bett ließen darauf schließen, dass hier ein Bettvorleger oder Läufer gelegen haben musste.

Dr. Rathjens begann, die auffälligen Flecke auf dem Boden zu inspizieren und Proben davon zu nehmen. Mit einem Skalpell kratzte sie zwischen den einzelnen Dielenbrettern den Schmutz heraus. Neben gewöhnlichem

Hausstaub förderte sie dabei auch Spuren einer bräunlichen Substanz zu Tage.

Eine kurze Untersuchung bestätigte Dr. Rathjens Verdacht: Bei der Substanz handelte es sich um getrocknetes Blut.

Allen Beteiligten war die Freude über diesen Fahndungserfolg an den Gesichtern abzulesen. Natürlich mussten labortechnische Analysen erst noch bestätigen, dass die entdeckten Blutspuren von der Toten stammten. Doch niemand zweifelte daran, dass die Ergebnisse das Aufspüren des Tatorts belegen würden.

Diese Überzeugung wurde wenig später von Dr. Reimer untermauert. Er hatte auf dem Fußboden kleine braune Ameisen entdeckt, die der Spezies jenes Exemplars entsprachen, das Dr. Rathjens im Schamhaar der Toten gefunden hatte.

Während Dr. Rathjens ins Freie trat, um keine Spuren in der Hütte zu verwischen, alarmierte Kriminalhauptkommissar Hähnlein die Beamten von der Spurensicherung.

Nachdem endlich ein konkreter Ansatzpunkt gefunden worden war, liefen die Ermittlungen auf Hochtouren. Sie konzentrierten sich zunächst auf das Umfeld der Hütte und auf deren Besitzer.

Die Laboruntersuchungen der Funde aus der Waldhütte bestätigten Dr. Rathjens Vermutungen. Die zwischen den Dielenböden entdeckten Blutreste wiesen dieselbe Blutgruppe wie das Blut der Toten auf. Ebenso stimmte die DNA der sichergestellten Gewebeteile und der Gehirnzellen mit jener der Toten überein. Nun bestand für die Ermittler kein Zweifel mehr, dass die Tote in der Hütte umgebracht worden war.

Die Adresse des Hüttenbesitzers war schnell ausfindig gemacht. Es handelte sich, wie der Beamte vor Ort den

Ermittlern bereits erklärt hatte, um den Hamburger Kaufmann Walter Hermann. Weitere Nachforschungen ergaben, dass dieser als Täter jedoch nicht in Frage kam, da er sich den Aussagen seiner Gattin zufolge bereits seit vier Monaten in Odessa aufhielt, um dort im Auftrag seiner Firma eine Zweigstelle aufzubauen. Während dieser Zeit sei er nicht nach Hamburg zurückgekehrt, so die Ehefrau. Diese Aussage wurde sowohl von den Nachbarn der Hermanns als auch von Hermanns Arbeitgeber bestätigt.

Die Herrmanns hatten auch einen Sohn, Hendrik Hermann. Er war 26 Jahre alt, studierte in Hamburg Betriebswirtschaft und lebte mit seiner Freundin in einer Wohngemeinschaft in der Nähe der Universität. Bei einer Befragung gab er an, dass er schon seit langem nicht mehr im Ferienhaus seiner Eltern gewesen sei. Seine Aussage wurde durch die Fingerabdrücke bestätigt, die in der Hütte sichergestellt worden waren. Von Hendrik Hermann waren nur alte, kaum noch identifizierbare Abdrücke gefunden worden.

Die Ermittler waren sich jedoch einig, dass diese Feststellung wenig Aussagekraft besaß, denn ein Teil der Möbel – die Nasszelle sowie der Klinken- und Schlossbereich der Eingangstür – waren erst kürzlich abgewischt worden. Deshalb waren auch keine Fingerabdrücke der Ermordeten gefunden worden.

Auf die Anfrage der Ermittlungsbeamten hin erklärte sich Hendrik Hermann sofort bereit, Speichel für eine Genanalyse zur Verfügung zu stellen. Es stellte sich heraus, dass seine DNA nicht mit den gefundenen Spermaproben übereinstimmte. Diese Tatsache entlastete ihn jedoch nicht völlig, da der Täter nicht notwendigerweise auch der Geschlechtspartner der Toten gewesen sein muss.

Nichtsdestotrotz wurden die Untersuchungen nun auch auf den Freundes- und Bekanntenkreis von Hendrik Hermann ausgedehnt. In der Annahme, dass die Tote aus diesem Umfeld stammen könnte, wurde dabei auch nach einer vermissten Frau gefahndet.

Die Nachforschungen blieben so lange erfolglos, bis die Beamten auch Studentinnen, die in Urlaub oder wegen Krankheit abwesend waren, in ihre Ermittlungen einbezogen. Hierbei stießen sie auf eine Studentin, die etwa drei Wochen zuvor ihre Eltern in Nürnberg hatte besuchen wollen. Nachdem sie abgereist war, hatte niemand mehr von ihr gehört. Was die ermittelnden Beamten besonders aufhorchen ließ, war die Tatsache, dass der Freund der Studentin ein guter Bekannter Hendrik Herrmanns war.

Bei einer daraufhin erfolgenden Hausdurchsuchung im Zimmer der Studentin wurden Haare aus einer Bürste und von einem Tuch sichergestellt. Die anschließende DNA-Analyse bestätigte den Verdacht: Bei der Toten handelte es sich um die Studentin Stefanie Brinkmann.

Nun konzentrierten sich die Nachforschungen der Beamten auf Sven Fischer, den Freund der Toten. Auch von ihm erhielten die Beamten anstandslos eine Speichelprobe. Diesmal stimmte sie mit der DNA der Spermaspuren überein.

Die Ermittler bestellten Sven Fischer daraufhin zu einer Vernehmung ins Polizeipräsidium. Erst im Vernehmungsraum bekam Fischer mit, dass seine Freundin ermordet worden war. Fischer reagierte darauf schockiert und bestürzt. Er war unfähig etwas zu sagen, begann zu weinen und am ganzen Körper zu zittern. Für die Vernehmungsbeamten waren dies verständliche Reaktionen. Sie hatten sie schon oft in solchen Situationen erlebt, obschon sie in dieser Heftigkeit eher bei Frauen als bei Männern auftraten.

Die Selbstsicherheit, mit der Fischer während der Vernehmung die Fragen der Beamten beantwortete, stand jedoch in auffälligem Gegensatz zu den von ihm gezeigten Gefühlen, die unglaubwürdig erschienen.

Kriminalhauptkommissar Hähnlein, der mit den Jahren beim Vernehmen Verdächtiger ein feines Gespür für echte und vorgetäuschte Gefühle entwickelt hatte, spürte diese Diskrepanz sogar beim Lesen des Vernehmungsprotokolls. Hier ein Auszug:

Beamter: Fühlen Sie sich in der Lage, mit der Vernehmung fortzufahren?
Fischer: Ja.
Beamter: Wann haben Sie Stefanie Brinkmann zum letzten Mal gesehen?
Fischer: Am Tag, als sie zu ihren Eltern fahren wollte.
Beamter: Wo waren Sie an diesem Tag?
Fischer: In der Uni.
Beamter: Bei einer Analyse hat sich herausgestellt, dass die DNA ihres Speichels mit jener der Spermaspuren übereinstimmt, die wir in der Leiche gefunden haben. Wie erklären Sie sich das?
Fischer: Wir haben an dem Morgen, bevor Stefanie zu ihren Eltern fuhr, miteinander geschlafen.
Beamter: Wann war das?
Fischer: Am 26. Juni.
Beamter: Wussten Sie, dass Frau Brinkmann schwanger war?
Fischer: Ja, deshalb wollte sie ja zu ihren Eltern fahren, um es ihnen zu sagen.
Beamter: Wissen Sie, wer der Vater war?
Fischer: Ja, ich.
Beamter: Kennen Sie die Ferienhütte der Familie Hermann bei Altensaltzkoth?
Fischer: Nein.

In diesem Stil wurde die Vernehmung weitergeführt. Fischer zögerte bei keiner Frage mit der Antwort. Hähnlein schien es, als habe sich Fischer alle Antworten vorher überlegt. Das hätte er aber nur tun können, wenn er die Fragen geahnt hätte, und das wiederum wäre nur möglich gewesen, wenn er der Täter war. Wie jedoch konnte man ihn überführen? Bei der Überprüfung seiner Aussagen entdeckte man keinerlei Widersprüche. Hendrik Hermann bestätigte Fischers Aussage insofern, als er sich nicht daran erinnern konnte, Fischer jemals die Hütte seiner Eltern gezeigt zu haben. Und auch Fischers Alibi war nicht zu widerlegen. Niemand wollte behaupten, ihn am besagten Tag nicht in der Universität gesehen zu haben. Alle Befragten hielten es für möglich.

Die Ermittler durchsuchten daraufhin Fischers Wohnung. Sie hofften vor allem, Blutspuren zu finden, doch die Suche verlief ergebnislos. Der einzige, einigermaßen brauchbare Fund der Beamten war ein Paar Joggingschuhe, zwischen deren Profilen sich Reste von Kiefernnadeln und Waldboden festgesetzt hatten.

Fischer erklärte dies damit, dass er täglich im Stadtpark jogge und dabei oft über waldigen Boden laufe.

Um sicherzugehen wurden die Joggingschuhe beschlagnahmt, ins Polizeilabor gebracht und die in den Profilen vorgefundenen Rückstände untersucht. Das Ergebnis war überraschend. Die Kiefernnadeln und der Waldboden konnten aus dem Gebiet um die Hermannsche Waldhütte oder aus anderen Kiefernwäldern der Lüneburger Heide stammen. Mit Sicherheit stammten sie nicht aus dem Hamburger Stadtpark. Entscheidend aber war schließlich die Tatsache, dass zwischen den Waldbodenpartikeln eine Ameise gefunden wurde, die zu der gleichen Spezies gehörte wie die Ameise, die Dr. Rathjens in den Schamhaaren der Toten gefunden hatte.

Für die Ermittler stand damit fest, dass Fischer gelogen hatte. Entgegen seiner Aussage hatte er sich vor nicht allzu langer Zeit am Tatort aufgehalten.

Fischer wurde daraufhin unter dem Verdacht festgenommen, die Studentin Stefanie Brinkmann ermordet zu haben.

Der Beschuldigte wies jedoch alle Anschuldigungen von sich. Mit den Fakten konfrontiert, gab er zwar zu, schon einmal am Tatort gewesen zu sein, mit dem Tod seiner Freundin wollte er jedoch nichts zu tun haben.

In den folgenden Tagen wurde Fischer dreimal vernommen. Und jedes Mal verstrickte er sich in tiefere Widersprüche, als er zu erklären versuchte, was er bei der Hermannschen Hütte gewollt hatte. Als er schließlich keinen Ausweg mehr wusste, brach er zusammen und gestand die Tat.

Er habe seine Freundin nicht töten wollen, erklärte Fischer. Es sei ein Unfall gewesen. Er sei bereits am Nachmittag vor ihrer geplanten Reise mit Stefanie in die Hütte gefahren. Sie hätte ihn am nächsten Morgen in Celle absetzen und mit ihrem Wagen weiter nach Nürnberg fahren wollen. Er selbst habe dann von Celle aus mit dem Zug nach Hamburg zurückfahren wollen. In der Hütte habe Fischer mit seiner Freundin geschlafen. Im Verlauf des Abends war es dann zu einem Streit gekommen. Streitpunkt war das ungeborene Kind gewesen. Stefanie hatte es unbedingt behalten und Fischer heiraten wollen. Dieser versuchte jedoch, sie zu einer Abtreibung zu überreden. Durch das Kind habe er seine ganze Zukunft gefährdet gesehen. Ein Wort hätte das andere gegeben, bis der Streit schließlich eskaliert sei. In seiner Wut habe Fischer die Nachttischlampe genommen und damit auf Stefanie eingeschlagen. Sie sei daraufhin gestürzt und auf den Bettvorleger gefallen. Der schwere Lampenfuß hatte ihr den Schädel eingedrückt. Nachdem Fischer bewusst geworden war, dass er seine Freundin erschlagen hatte, sei er in Panik in den Wald gerannt. Als er wieder klarer denken konnte, sei er zurückgegangen, um die Leiche seiner Freundin so weit unkenntlich zu machen, dass man sie, falls jemand sie fände, nicht mehr würde identifizieren können. Anschließend habe er die Tote in den blutverschmierten Bettvorleger gerollt und zusammen mit dem Tatwerkzeug im Kofferraum ihres Wagens verstaut. Danach habe er in der Hütte alle Spuren beseitigt und sei nach Hamburg zurückgefahren. Auf dem Weg dorthin habe er die Leiche in der Kiefernschonung abgelegt, in der sie später gefunden wurde. Die herausgeschlagenen Gebissteile habe er mit nach Hamburg genommen und im Hausmüll entsorgt. Ein paar Tage später habe er sich den Kraftfahrzeugbrief aus Stefanies Wohnung geholt. Anschließend sei er mit dem Wagen seiner Freundin nach Polen gefahren, wo er ihn verkauft habe. Die Kleidung, die er am Tattag getragen hatte, sowie den Bettvorleger und das Tatwerkzeug habe er irgendwo in Polen weggeworfen.

Auf die Frage, woher er die Hermannsche Hütte gekannt habe, antwortete Fischer, dass er sie schon seit langem als Wochenenddomizil genutzt hatte. Hendrik Hermann habe sie irgendwann einmal erwähnt und sich darüber amüsiert, wie leicht man dort einbrechen konnte. Fischer habe sich daraufhin einen Dietrich angefertigt, die Hütte ausfindig gemacht und seitdem immer wieder einmal genutzt.

Dazu befragt, welche Gefühle er bei der Verstümmelung seiner Freundin gehabt habe, entgegnete Fischer: keine. Es sei ihm wie eine Arbeit vorgekommen, die gemacht werden musste. Später seien ihm Gewissensbisse gekommen, doch diese habe er mit dem Gedanken beiseite geschoben, dass Stefanie von der Verstümmelung nichts mehr gespürt habe, da sie zu diesem Zeitpunkt ja bereits tot gewesen war.

Ein halbes Jahr nach diesem Geständnis fand die Gerichtsverhandlung statt. Fischer wurde von den Verantwortlichen für schuldig befunden und zu einer langjährigen Haftstrafe verurteilt.

Maden, nichts als Maden – Spezialisten entschlüsseln ihr Geheimnis

Endlich Sommerferien! Wie alle Schüler, so freuten sich auch Heiko und Tobias darauf, mal wieder tun und lassen zu können, was sie wollten. Am letzten Schultag hatten sie sich verabredet, tags darauf Metten und Maden zum Angeln zu sammeln. Tobias holte Heiko zu diesem Ausflug wie gewöhnlich daheim ab. Mit ihren Fahrrädern fuhren die Jungen in den Forst, der sich zu beiden Seiten des Störkanals entlangzog. Am Waldrand angekommen, schlossen sie die Räder an einen Baum und zogen mit Schaufel, Hacke und Blechdosen ausgerüstet in den Wald. Sie waren auf der Suche nach verendeten Tieren. Die Maden, die in den Kadavern lebten, eigneten sich hervorragend als Fischköder. Beide Jungen waren auf dem Land aufgewachsen und kannten keinen Ekel vor diesem Getier. Es machte ihnen auch nichts aus, die Maden mit bloßen Händen anzufassen und aus den Kadavern zu ziehen.

Die Jungen kannten den Wald gut und durchstreiften ihn auch fernab der öffentlichen Wege. Ihre Aufmerksamkeit galt allein toten Tieren. Da sie am Rande des Waldes keine fanden, drangen sie immer weiter in den Forst ein.

Tobias, der sich durch dichtes Gestrüpp zwängte, wurde als Erster fündig. Er sah zwar keinen Kadaver, entdeckte aber eine dicke weißliche Made, wie die Jungen sie gewöhnlich bei toten Tieren fanden. Der Polizei erzählte er später, dass er Heiko, der knapp 50 Meter entfernt das Unterholz durchstreifte, zu sich gerufen hätte, weil er auf eine Stelle mit Maden gestoßen sei. Als Heiko ankam, sei er gerade dabei gewesen, den Waldboden und das darauf liegende Laub mit der Hand zu durchwühlen. Hacke und Schaufel habe er dazu nicht gebraucht, da der Boden sehr locker gewesen war. Heiko habe es ihm gleichgetan und die Maden, die er dabei fand, ebenso wie Tobias in seine Blechdose getan. Plötzlich sei Heiko beim Graben jedoch auf etwas Hartes gestoßen. Zuerst hatten die Jungen gedacht, es sei eine Wurzel gewesen, doch nachdem sie etwas weitergegraben hatten, sahen sie plötzlich das Skelett einer Hand aus dem Waldboden aufragen.

Als ein Polizist sie später fragte, ob sie bei diesem Anblick sehr entsetzt gewesen seien, antwortete Tobias: »Nö, überhaupt nicht. Wir hatten doch etwas Wichtiges entdeckt, das wir der Polizei melden mussten.« Dank der vielen Krimis, die sie im Fernsehen gesehen hatten, wussten sie, dass man am Tatort keine Spuren verwischen darf. Deshalb hatten sie sofort aufgehört zu graben und waren nach Hause gerast, um den Fund zu melden.

Sobald sie daheim waren, hatten sie Tobias' Mutter von ihrer Entdeckung berichtet und sie gebeten, die Polizei zu alarmieren. Tobias' Mutter hatte ihnen zunächst nicht glauben wollen. Doch schließlich hatte sie sich überzeugen lassen und den Fund der Polizei gemeldet.

Nach einiger Zeit erschien ein Schweriner Streifenwagen vor dem Haus von Tobias' Eltern. Die darin sitzenden Beamten sammelten die Jungen ein, um sich von ihnen zum Fundort führen zu lassen.

Dort angekommen sperrte einer von ihnen den Fundort weiträumig mit Signalband ab. Der andere Beamte brachte die Jungen wieder nach Hause. Zu ihrer großen Enttäuschung war damit ihr Mitwirken an dem Fall beendet. Später jedoch sollten sie noch ein wenig Aufregung erfahren, als einige Journalisten sie zu ihrem Fund befragten.

Den Fall der Leiche im Wald übernahmen die zuständige Staatsanwaltschaft und die Schweriner Mordkommission. Zusammen mit einigen Technikern der Spurensicherung und dem Rechtsmediziner Dr. Peter Maiwald fuhren daher Staatsanwalt Dr. Jens Zwieroleit und zwei Beamte der Mordkommission zum Fundort hinaus.

Nachdem die Spurensicherung den Fundort und die nähere Umgebung durchsucht hatte, ohne verwertbare Spuren zu finden, begann Dr. Maiwald mit dem Freilegen des Skeletts. Wie viele Rechtsmediziner beschränkte er seine Arbeit nicht auf sein wissenschaftliches Fachgebiet, sondern interessierte sich für alles, was aus forensischer Sicht mit dem Fund einer Leiche zusammenhing. Besonders hatte es ihm die forensische Entomologie, also die Insektenkunde, angetan. Er wusste, dass diese kleinen Tiere bei Leichenfunden Auskunft über den Zeitraum geben konnten, in dem die Leiche der Luft ausgesetzt gewesen war. Leider taten sich die Gerichte immer noch schwer, diese Methode der Todeszeitbestimmung anzuerkennen.

Nach und nach entfernte Dr. Maiwald die Bodenschichten, die das Skelett bedeckten. Er ging dabei so vorsichtig vor, als würde er einen archäologischen Fund freilegen. Dabei sammelte er alles ein, was er an Insekten, Maden und ähnlichem Getier fand. Die Gründlichkeit, mit der er vorging, machte die Beamten der Mordkommission nervös. Sie wollten so schnell wie möglich Fakten haben, um mit ihrer Arbeit beginnen zu können.

Dr. Maiwald ließ sich jedoch bei seiner Feinarbeit nicht stören. Jedes Detail war wichtig. Da vom Fundort zahlreiche Spuren für Untersuchungszwecke entnommen wurden, ließ er jede Phase seiner Arbeit fotografieren. Die

Bilder dienten später als Beweis dafür, dass die Spuren nicht manipuliert worden waren – eine Behauptung, mit der seitens der Verteidigung immer gerechnet werden musste.

Als das Skelett endlich freigelegt worden war, zeigte sich, dass es sich um eine Frauenleiche handelte. Sie lag auf dem Rücken und war vollständig angezogen. Um den Kopf war ein Handtuch gewunden, gerade so, als hätte sich die Tote kurz vor ihrem Tod ihre noch nassen Haare abtrocknen wollen. Von den Organen, den Muskeln und dem Körperfett war nicht mehr viel vorhanden. Die Maden hatten ganze Arbeit geleistet. Den Todeszeitpunkt mit klassischen Methoden festzustellen, war nicht mehr möglich. Die Leichenstarre hatte sich längst gelöst und es gab auch nichts mehr, woran man das Absinken der Körpertemperatur hätte messen können.

Dr. Maiwald bat die Kriminalbeamten um ihre Einschätzung, wie lange die Leiche bereits am Fundort gelegen haben mochte. Die Antworten waren sehr unterschiedlich. Der Zeitraum lag zwischen ein paar Wochen und mehreren Monaten. Als Dr. Maiwald ihnen erklärte, dass die Leiche nicht länger als zehn Tage an diesem Ort gelegen haben konnte, wollte es ihm keiner glauben.

Auch wenn er bislang nur eine oberflächliche Untersuchung durchgeführt und sich hauptsächlich auf das Sammeln von Insekten konzentriert hatte, erkannte Dr. Maiwald auf den ersten Blick, dass die Maden noch nicht lange an der Arbeit gewesen sein konnten. Dies erklärte er auch den Beamten. Maden seien Fressmaschinen, die oft Unglaubliches leisten könnten. Nicht umsonst hieße es in Entomologenkreisen scherzhaft, drei Fliegen fressen mit ihren Nachkommen einen Kadaver genauso schnell auf wie ein Löwe.

Bevor er seine Untersuchung abschloss, nahm Dr. Maiwald noch Bodenproben aus der unmittelbaren Umgebung der Leiche. Anschließend wurde die Leiche in einen Plastiksack gelegt und abtransportiert.

In der Rechtsmedizin begann Dr. Maiwald dann mit der eigentlichen Untersuchung. Zunächst galt es, den Todeszeitpunkt so genau wie möglich zu bestimmen. Dr. Maiwald bediente sich dazu der Maden. Drei Exemplare, die er lebend mitgebracht hatte, legte er mit einigen Stücken Schweineleber, die er auf dem Weg zur Rechtsmedizin bei einem Schlachter gekauft hatte, in ein Glas. Dieses wiederum stellte er auf den Schreibtisch seines Büros. Hier herrschte ungefähr die gleiche Temperatur wie am Leichenfundort. Nachdem er den Zeitpunkt, zu dem er die Maden von der Leiche genommen und den genauen Fundort auf dem Glas notiert hatte, ging er in den Autopsieraum.

Hier betrachtete er einige weitere Maden unter dem Mikroskop. Mit bloßem Auge war es schwer, die Merkmale der verschiedenen Arten zu erkennen. Diese war aber wichtig, wollte man herausfinden, wie lange der Körper schon im Freien gelegen hatte.

Unterschiedliche Fliegenarten legen zu verschiedenen Zeiten Eier in einen Kadaver. Aus diesen Eiern schlüpfen dann die Maden. Erkennt der Wissenschaftler den spezifischen Madentyp, weiß er, wann die jeweilige Mutterfliege frühestens ihre Eier in der Leiche abgelegt haben kann.

Im vorliegenden Fall war die Identifizierung eindeutig. Die Maden waren groß und fett. Dr. Maiwalds Einschätzung nach würden sie sich in Kürze verpuppen. Es handelte sich um Nachkommen einer Fliegenspezies, die einen Körper schon wenige Minuten nach seinem Tod besiedeln.

Die Fliegen können den Todesgeruch auf zwei bis zweieinhalb Kilometer Entfernung wittern. Auf der Leiche suchen sie sich spezielle Stellen für die Eiablage. Dazu zählen alle Körperöffnungen, wie Mund, Ohren, Nase, Augen, After, Genitalbereich und offene Wunden. An diesen feuchten und warmen Plätzen können die Eier besonders gut reifen.

Die für die Maden im Fall der Waldleiche verantwortliche Fliegenart ist dafür bekannt, dass sie ihre Eier nur während der größten Tageshitze, also um die Mittagszeit herum, ablegt.

Die jungen Maden schlüpfen noch am Tag der Eiablage. Die einzelnen Ablagen sehen auf den ersten Blick aus wie ein Häufchen Sägemehl. Da ihre Haut nicht mitwächst, häuten sich Maden im Laufe ihres Lebens dreimal. Das erste Mal schlüpfen sie nach 8 bis 14 Stunden. Der zweite Wechsel erfolgt nach weiteren zwei bis drei Tagen. Während der dritten Phase wird die Made dann zum Vielfraß und frisst fünf bis sechs Tage lang durch, um sich danach nochmals zu häuten und anschließend zu verpuppen.

Die Maden, die Dr. Maiwald gefunden hatte, waren groß und fett und standen daher kurz vor dem Abschluss der letzten Phase. Um feststellen zu können, wann genau die Verpuppung einsetzen würde, hatte Dr. Maiwald die drei lebenden Exemplare mitgenommen und auf ihre Lieblingsspeise gesetzt. Während der weiteren Untersuchungen beobachtete er das Glas mit den Maden fortlaufend. Nach fünf Stunden war es dann soweit: Fast gleichzeitig begannen die Maden, sich zu häuten und wenig später zu verpuppen. Dr. Maiwald notierte das Datum und den Zeitpunkt der beginnenden Verpuppung auf dem Glas.

Nun war es nicht mehr schwer zu bestimmen, wann der Leichnam der Frau am Fundort abgelegt worden war. Am ersten Tag erfolgten die Eiablage und das Schlüpfen der Maden. Etwa um die Mittagszeit des zweiten Tages erfolgte die erste Häutung, am Vormittag des vierten Tages die zweite und zu Beginn des zehnten Tages setzte die Verpuppung ein. Da zwischen dem Auffinden der Leiche und der Verpuppung der Testmaden 15 Stunden vergangen waren, musste die Leiche zwischen neun und zehn Tagen am Fundort gelegen haben. Damit – und darauf wies Dr. Maiwald besonders hin – hatte er jedoch nicht die Todeszeit bestimmt, sondern nur den Zeitpunkt, an dem die Leiche an dem Fundort abgelegt worden war.

Ging man davon aus, dass der Mörder sein Opfer so schnell wie möglich loswerden wollte, so konnte man annehmen, dass der Mord ein paar Stunden vor der Ablage am Fundort begangen worden war. Also etwa zehn bis elf Tage vor dem Auffinden der Leiche. Wenngleich unwahrscheinlich, war es jedoch auch möglich, dass der Mörder die Leiche eine Zeit lang versteckt hatte, bevor er sie zum Fundort brachte. In diesem Fall ließ sich die Todeszeit ohne zusätzliche Hinweise nicht genauer bestimmen.

Die Untersuchung der Bodenproben brachte keine neuen Informationen. Sie waren so beschaffen, wie es bei einer Liegezeit einer Leiche von rund zehn Tagen zu erwarten gewesen war. Die Feuchtigkeit aus dem Körper der Toten war in den Boden gesickert und hatte dort den für eine Leiche oder einen Kadaver typischen Mikrokosmos entstehen lassen. Kleinlebewesen, wie sie normalerweise den Erdboden besiedelten, waren durch die Leichenflüssigkeiten vertrieben worden.

Bei der Begutachtung des Skelettes fiel Dr. Maiwald auf, dass die Halswirbelsäule unterhalb des dritten Wirbels gebrochen war. Wahrscheinlich hatte diese Verletzung zum Tod geführt. Nach Art und Weise, wie die Wirbel versetzt waren, dürfte der Bruch durch einen kräftigen Schlag ins Genick des Opfers verursacht worden sein. Als Tatwerkzeug kam ein harter schmaler Gegenstand, etwa ein dünnes Rohr, aber auch die Handkante eines trainierten Karatekämpfers in Frage. Dass die Tote sich die Verletzung durch einen Sturz selbst zugezogen haben könnte, war unwahrscheinlich, denn andere, ebenfalls um die Todeszeit herum entstandene Verletzungen konnte Dr. Maiwald am Knochengerüst nicht feststellen. Zwar hatte sich die Tote irgendwann einmal einen Armbruch und einen Unterkieferbruch zugezogen, doch dies war schon einige Zeit her gewesen.

Nach dieser Untersuchung ließ Dr. Maiwald zu Identifizierungszwecken sowohl Fotografien als auch Röntgenaufnahmen und einen Gipsabdruck vom Gebiss der Toten anfertigen. Zudem schickte er eine Haarprobe ins Labor, die er auf Fremdstoffe hin untersuchen ließ. Dabei wurden zwar keine üblichen Gifte festgestellt, dafür aber eine stattliche Menge Heroin. Die hohe Konzentration des Rauschgifts ließ darauf schließen, dass die Tote abhängig gewesen war. Eine Kontrolluntersuchung, die an den Maden durchgeführt wurde, bestätigte das Ergebnis. Da die Maden von den Organen und dem Fleisch der Toten gefressen hatten, war das Gift auch in ihre Körper gelangt.

Die Kleidung der Toten zu kontrollieren war zwar Aufgabe der Kriminalbeamten, doch Dr. Maiwald untersuchte sie zusätzlich auf wichtige organische Spuren. Die Kleidungsstücke waren noch gut erhalten – ein weiteres Indiz dafür, dass die Tote nicht lange im Freien gelegen haben konnte.

Sowohl von der Farbe als von ihrem Schnitt her machte die Kleidung der Toten den Eindruck, als habe ihre Trägerin zu Lebzeiten darin sehr aufreizend gewirkt. Der Rock war so kurz, dass er kaum über das Gesäß gegangen sein konnte, und die Jacke hatte einen Ausschnitt, der vermutlich bis zum Bauchnabel gereicht hatte. Ein Büstenhalter war nicht vorhanden. Unter der Jacke hatte die Tote ein nur aus Spitzen bestehendes, tief ausgeschnittenes Oberteil getragen. Die Beine, an denen noch die meisten Muskelfasern hafteten, steckten in kniehohen Stiefeln. Dr. Maiwald schloss daraus, dass die Tote aller Wahrscheinlichkeit nach im Rotlichtmilieu gearbeitet hatte.

Zusammenfassend ergab sich für ihn folgendes Bild: Die Tote war etwa 30 bis 35, höchstens jedoch 40 Jahre alt. Sie war von Natur aus blond gewesen, hatte ihre glatten, schulterlangen Haare jedoch tizianrot gefärbt. Zudem war die Tote heroinsüchtig gewesen und durch einen Schlag ins Genick getötet worden. Ihre Leiche war vor neun bis zehn Tagen an ihrem Fundort im Wald abgelegt und notdürftig begraben worden. Zum Zeitpunkt ihres Todes hatte die Tote wahrscheinlich als Prostituierte gearbeitet.

Kriminaloberkommissar Rolf Obmüller von der Mordkommission Schwerin war nach einem Blick auf die Kleidung der Toten zu dem gleichen Schluss gekommen. Auch er ging davon aus, dass die Tote aus dem Rotlichtmilieu stammte.

Obmüller hatte inzwischen die Daten von verschollenen Frauen überprüft, war aber auf niemanden gestoßen, der innerhalb der letzten vierzehn Tage als vermisst gemeldet worden war.

Er ließ daraufhin in den einschlägigen Lokalen und Clubs sowie auf dem Straßenstrich nach vermissten Frauen oder solchen, die schon längere Zeit nicht mehr gesehen worden waren, fahnden. Die Suche brachte jedoch keine Ergebnisse. Man erfuhr lediglich von einer Frau, die seit einigen Tagen nicht mehr gesehen worden war. Doch man fand rasch heraus, dass sie krank war und zu Hause im Bett lag.

Die nächsten Ermittlungen stützten sich auf die zahntechnischen Informationen über die Tote, die die Beamten von Dr. Maiwald erhalten hatten. Sie wurden an jeden Zahnarzt in Schwerin und Umgebung weitergeleitet. In Bad Kleinen, am Nordwestufer des Schweriner Sees, hatten die Beamten dann schließlich Glück. Dort war sich ein Zahnarzt sicher, das Gebiss zu erkennen. Er verglich Dr. Maiwalds Röntgenbilder und den Gipsabdruck mit seinen Unterlagen und zeigte den Beamten die Übereinstimmungen. Die in Frage kommende Patientin hieß Marion Luckner, war 34 Jahre alt und wohnte in Bad Kleinen.

Die Beamten fuhren zu der in den Patientenakten angegebenen Adresse. Frau Luckners Wohnung lag in einem modernen Mehrfamilienhaus, das nach der Wende erbaut worden war. Trotz mehrfachen Klingelns öffnete niemand. Die Beamten versuchten es daraufhin bei den Nachbarn. Von ihnen erfuhren sie, dass Frau Luckner seit etwa zwei Wochen nicht mehr gesehen worden war. Sie erfuhren auch, dass Frau Luckner sehr zurückgezogen lebte, wenig Kontakt zu ihren Nachbarn hatte, aber stets höflich grüßte. Einer geregelten Arbeit schien sie nicht nachzugehen, da sie ihre Wohnung stets zu unregelmäßigen Zeiten verließ. Geld schien bei Frau Luckner jedoch ausreichend vorhanden zu sein, denn sie kleidete sich stets nach der neuesten Mode und ihre Kleider stammten nicht aus dem Kaufhaus.

Häufig wechselnde Männerbekanntschaften hatten die Nachbarn bei Frau Luckner nicht bemerkt. Gelegentlich erhielt sie Besuch von einem Mann. Es war jedoch immer derselbe. Der Aussage einer Nachbarin zufolge war es ein Freund, der jedoch selten lange blieb. Er war ein sportlicher Typ, kleidete sich aber für den Geschmack der Nachbarin ein wenig zu protzig. In der Regel trug er eine goldene Panzergliederkette um den Hals, zwei Goldarmbänder an einem Handgelenk sowie einen Ring am Mittel- und einen am kleinen Finger. Er war etwa 1,80 Meter groß und schlank, aber muskulös. Die schulterlangen Haare trug er glatt nach hinten gekämmt, wo sie zu einem Pferdeschwanz zusammengebunden waren. Wie Frau Luckner war auch er immer modisch gekleidet. Obwohl er immer recht höflich war, mochte die Nachbarin ihn nicht. Sie hielt ihn für einen Zuhälter, was sie den Beamten auch nicht verhehlte. Diese baten die Nachbarin daraufhin, am nächsten Tag ins Polizeipräsidium zu kommen, damit nach ihren Angaben ein Phantombild angefertigt werden konnte.

Auf dem Rückweg überprüften die Kriminalbeamten Marion Luckners Briefkasten. Er quoll über. Soweit sie den Inhalt greifen konnten, nahmen sie ihn heraus. Leider handelte es sich nur um Reklame, aus der sie nicht schließen konnten, wie lange sie schon im Briefkasten lag.

Die Beamten erhielten von der Staatsanwaltschaft einen Hausdurchsuchungsbefehl, mit dem sie sich Zutritt zu Frau Luckners Wohnung verschafften. Sie hofften, dort einen Hinweis zu finden, der sie auf die Spur des Mörders bringen würde.

Die Wohnung war luxuriös eingerichtet. Wenn sich ihre Besitzerin ihren Lebensunterhalt als Prostituierte verdiente, bediente sie gewiss nur die besser verdienenden Kunden. Der Straßenstrich dürfte für sie nicht in Frage gekommen sein. Die Wohnung machte auf die Beamten einen durchaus bewohnten Eindruck, und doch fehlten Gegenstände, die zu einem gewöhnlichen Haushalt gehörten. So entdeckte man beispielsweise nirgendwo Bilder oder Fotos von der Familie oder von Freunden. Auch Fotoalben gab es nicht, obwohl die Beamten eine moderne Fotoausrüstung fanden. Ein ganzer Schuhschrank quoll vor Schuhen förmlich über. Die Beamten zählten ganze 45 Paare. Der Kleiderschrank war angefüllt mit modischer Kleidung. Im Badezimmer standen neben den normalen Toilettenartikeln teure Parfüms und Cremes. Ein kleiner Sekretär enthielt Schreibutensilien, aber keine Briefe, weder von Eltern noch von Freunden. Was die Beamten jedoch am meisten überraschte, war, dass nirgends ein Kontoauszug zu finden war. Und noch etwas war eigenartig. Obwohl es in der Wohnung von Fingerabdrücken nur so wimmelte, gab es einzelne Stellen, die blitzblank gewienert waren, so zum Beispiel die Türgriffe, der Sekretär oder das Sideboard im Wohnzimmer. Den Beamten drängte sich die Vermutung auf, dass vor ihnen jemand in der Wohnung gewesen sein musste, der die Fingerabdrücke an einigen für ihn oder sie entscheidenden Stellen weggewischt hatte. Vielleicht hatte diese Person auch die fehlenden Gegenstände an sich genommen, um jeden Hinweis, der auf sie deuten konnte, zu entfernen.

Die Spurensicherung registrierte alle auffindbaren Fingerabdrücke. Unter den etwa 200 Spuren gab es fünf, die nicht von Marion Luckner stammten. Zwei von ihnen wurden im Badezimmer, einer am Toilettendeckel und ein weiterer am Spülkasten gefunden. Den fünften entdeckte man auf dem Kühlschrank in der Küche.

Die Ergebnisse der Wohnungsdurchsuchung brachten Obmüller und seine Mitarbeiter auf den Gedanken, dass

Frau Luckner ein Doppelleben geführt hatte, ein bürgerliches in Bad Kleinen und ein professionelles irgendwo anders, wahrscheinlich in Schwerin.

Obmüller teilte seine Mitarbeiter daraufhin in drei Gruppen ein. Eine Gruppe sollte nach einer eventuellen zweiten Wohnung von Frau Luckner suchen, die zweite sollte sich in den einschlägig bekannten Lokalitäten nach Marion Luckner erkundigen und die dritte sollte auf der Grundlage des Phantombilds, das ein Polizeizeichner anhand der Beschreibung von Frau Luckners Nachbarin angefertigt hatte, nach Frau Luckners unbekanntem Besucher fahnden.

Alle drei Gruppen hatten Erfolg. Marion Luckner hatte in einem frequentierten Geschäftshaus in der Schweriner Innenstadt eine Wohnung gemietet. Sie war ordnungsgemäß beim Einwohnermeldeamt registriert. Das Apartment bestand aus einem Wohn- und Schlafraum, einer Küche und einem Badezimmer. Es war wie das Apartment in Bad Kleinen luxuriös eingerichtet. Im Gegensatz zu diesem wurde es aber offensichtlich als Bordell genutzt. Das Schlafzimmer war in Rot gehalten. Ein breites Bett beherrschte den Raum. An den Wänden fanden sich diverse Vorrichtungen für sadomasochistische Sexualpraktiken. Im Kleiderschrank stieß man auf Kleidungsstücke, die jenen ähnelte, die die Tote zum Zeitpunkt ihrer Ermordung getragen hatte. Die Bar im Wohnraum war bestens sortiert. Einrichtung, Bilder, Sitzmöbel, alles unterstrich den Zweck der Wohnung. Persönliche Gegenstände, die auf die Identität der Besitzerin hingedeutet hätten, waren nicht vorhanden.

Die Beamten der zweiten Ermittlungsgruppe hatten herausgefunden, dass Marion Luckner in einigen exklusiven Bars und teuren Restaurants bekannt war. Sie wurde als umgänglich und kontaktfreudig beschrieben. In den Bars wusste man, dass sie als Prostituierte tätig war. Sie arbeitete für einen Mann, der wegen seiner Brutalität in der Szene gefürchtet war. Dieser hatte sie angeblich einmal so hart geschlagen, dass ihr Kiefer gebrochen war und sie monatelang nicht arbeiten konnte. Die Beschreibung dieses Mannes ähnelte jener des unbekannten Besuchers von Bad Kleinen.

Luckners Zuhälter wurde anhand der Phantomzeichnung in zwei Nachtclubs unzweifelhaft erkannt. Da man ihn in der Szene offenbar nicht mochte, gaben die dort arbeitenden Mädchen bereitwillig Auskunft über ihn. Er hieß Dieter Lüchow und wohnte in der Innenstadt. Ob Lüchow sein richtiger Name war, konnten die Mädchen nicht sagen. Erkundigungen in Geschäften, Autowerkstätten und Tankstellen deuteten jedoch darauf hin, dass dies der Fall war. Lüchows Adresse wurde über das Einwohnermeldeamt schnell ermittelt. Die daraufhin entsandten Beamten trafen den Mann auch gleich beim ersten Versuch in seiner Wohnung an. Lüchow wirkte gelassen und gab sich kooperativ. Bereitwillig beantwortete er die Fragen der Kriminalbeamten. Er gab zu, Marion Luckner zu kennen und ihr Zuhälter zu sein. Wo sich Frau Luckner zurzeit aufhalte, wusste er nicht. Sie habe ihm nur gesagt, dass sie für ein paar Wochen zum Ausspannen an die See fahren wolle. Gemeldet hatte sie sich seitdem nicht, wie er sagte, was jedoch nicht ungewöhnlich war.

Lüchow erlaubte den Beamten auch, sich in seiner Wohnung umzusehen. Dazu befragt, wo er sich am vergangenen Wochenende aufgehalten habe, antwortete er ohne zu zögern oder sich nach dem Grund der Frage zu erkundigen, dass er von Freitag bis Montag mit drei Freunden in

Hamburg gewesen sei. Er nannte den Beamten auch anstandslos die Namen und Anschriften dieser Freunde.

Als sie Lüchow von dem vermeintlichen Mord an Marion Luckner unterrichteten, war er schockiert. Seine anschließenden Gefühlsaufwallungen schienen den Beamten jedoch übertrieben und gespielt. Zudem wunderten sie sich über seine Hilfsbereitschaft und seine bereitwilligen Antworten auf ihre Fragen. Seine Aussagen erschienen ihnen zu glatt, so als hätte er damit gerechnet, verhört zu werden und sich sein Verhalten und seine Worte vorher genau überlegt. Die Beamten ließen Lüchow jedoch vorerst in dem Glauben, dass seine Antworten sie zufrieden gestellt hätten.

Lüchows Freunde, Kollegen aus dem Milieu, bestätigten die Aussagen ihres Bekannten. Obwohl Lüchow demnach ein hieb- und stichfestes Alibi aufweisen konnte, zweifelten die Beamten der Mordkommission an Lüchows Unschuld, denn sowohl er als auch seine Freunde hatten ein beachtliches Vorstrafenregister, und das Alibi klang zu glatt.

Die Beamten konzentrierten ihre Ermittlungen nun auf Lüchows Freunde. Vor allem überprüften sie deren Tun an dem Wochenende, an dem der Mord geschehen war. Offenbar hatten die Männer nicht damit gerechnet, von der Polizei überprüft zu werden, denn es fiel den Ermittlern relativ leicht nachzuweisen, dass sie am besagten Wochenende nicht mit Lüchow in Hamburg gewesen sein konnten. Wie andere Zeugen bestätigten, hatte sich einer von Lüchows Freunden in Schwerin aufgehalten und der andere war mit einem seiner Mädchen aufs Land gefahren.

Lüchow wurde daraufhin verhaftet und verhört. Er blieb jedoch bei seiner Aussage, zur Tatzeit in Hamburg gewesen zu sein.

Die Kriminalbeamten suchten anschließend Lüchows Freunde auf und machten ihnen klar, dass sie, wenn sie Lüchow weiterhin ein falsches Alibi gäben, selbst mit empfindlichen Strafen rechnen müssten. Daraufhin gaben die Männer zu, Lüchow nur aus Freundschaft beigestanden zu haben. Sie waren nicht mit ihm in Hamburg gewesen, hätten aber auch nicht gewusst, wofür er das Alibi benötigte.

Als die Beamten Lüchow mit diesen Aussagen konfrontierten, verweigerte er jede weitere Aussage und verlangte, einen Rechtsanwalt zu sprechen.

Offenbar auf Anraten seines Rechtsbeistandes gab Lüchow anschließend zu, Marion Luckner getötet zu haben. Er behauptete jedoch, dass alles ein tragischer Unfall gewesen sei. Weil er überzeugt war, dass man ihm bei seinem Vorstrafenregister nicht glauben würde, habe er die Angelegenheit vertuscht und die Tote im Wald begraben.

Lüchow zufolge war folgendes passiert: An dem besagten Wochenende habe er sich am Samstag mit Marion in ihrer Schweriner Wohnung getroffen. Er habe sie auf einen Kunden, der spezielle sexuelle Vorlieben hatte, vorbereiten wollen. Marion sei in niedergeschlagener Stimmung gewesen und habe davon nichts hören wollen. Vielmehr habe sie ihm gesagt, dass sie aus dem Geschäft aussteigen wollte. Darüber sei es zu einem Streit gekommen. Marion habe ihn angegriffen und sogar auf ihn eingeschlagen. Er habe sie als Gegenreaktion von sich gestoßen. Marion sei gestrauchelt und mit dem Genick auf die Kante ihres Couchtischs gefallen. Als er erkannt habe, dass Marion tot war, sei er in Panik geraten. Er habe die Leiche ohne nachzudenken in seinen Wagen gepackt und im Wald vergraben.

Obwohl die Beamten die Unfallgeschichte nicht glaubten, konnten sie Lüchow zunächst nicht das Gegenteil beweisen.

Im Anschluss an die Vernehmung zeigte Kriminaloberkommissar Obmüller Dr. Maiwald das Protokoll von Lüchows Aussage und bat ihn um eine Stellungnahme. Dr. Maiwald erklärte ihm, dass die Zweifel der Beamten berechtigt seien, da die vorgefundene Verletzung am Genick der Toten die Aussage Lüchows nicht stütze. Die Halswirbelsäule könne nur durch einen Schlag ins Genick gebrochen sein, der wesentlich härter gewesen sein muss, als es der Aufprall auf eine Tischkante als Folge eines Sturzes hätte sein können.

Lüchow ließ sich aber trotz dieser Erklärung von seiner Aussage, dass der Tod von Marion Luckner ein tragischer Unfall gewesen sei, nicht abbringen. Bei der späteren Verhandlung nahm ihm der Richter diese Darstellung dank der Aussage von Dr. Maiwald jedoch ebenso wenig ab wie die Ermittlungsbeamten. Lüchow wurde daher wegen vorsätzlichen Mordes an Marion Luckner zu einer hohen Freiheitsstrafe verurteilt.

Zwei leere Wespennester – Insektenforscher lösen das Rätsel

Ralf Borkenrath stand mit stolzer Miene vor seiner Moorkate, obwohl es eigentlich nichts gab, auf das er hätte stolz sein können. Die Kate lag rund zehn Kilometer von Aurich entfernt mitten im Moor. Das nächste Geschäft war drei Kilometer weit weg. Für einen Arztbesuch musste man noch weiter fahren. Doch Borkenrath interessierte das alles nicht. Er glaubte, sein Refugium gefunden zu haben. Hier konnte er ungestört arbeiten. Zum Arbeiten benötigte er nur einen Computer, Strom und einen Internetzugang, und all das war hier vorhanden. Bisher hatte Borkenrath in Köln gelebt, doch die vielen Menschen und die drückend heiße Luft, die im Sommer oft in den Straßen stand, machten ihm mehr und mehr zu schaffen. Da er Ostfriesland, das Meer und die Weite liebte und auch mit den Einheimischen gut auskam, hatte er sich entschieden, hier ein gemütliches Sommerquartier einzurichten. Noch war es allerdings nicht so weit. Das Anwesen war in einem jämmerlichen Zustand. Das Wohnhaus hatte seit mindestens drei Jahren leer gestanden. Wie lange genau, wusste selbst der Nachbar nicht mehr, der am Beginn des Moorweges wohnte. Irgendwann war der alte Onno Berendt, der Besitzer der Kate, zu seinem Sohn nach Amerika geflogen und seitdem stand die Kate leer.

Borkenrath zog seinen Overall an und begann, das Haus zu entrümpeln. Er wollte es von Grund auf restaurieren, und da er handwerklich recht begabt war, plante er, einen Großteil der Arbeiten selbst auszuführen.

Da es an diesem Tag nahezu windstill und mittlerweile 26°C warm war, hatte er Fenster und Türen geöffnet, um die stickigen Räume zu lüften. Das brachte zwar Erfrischung, lockte aber auch zahlreiche Wespen, die den von der anstrengenden Arbeit schwitzenden Borkenrath fleißig umschwirrten, ins Innere des Hauses. Wie dieser später zu Protokoll gab, belästigten ihn die Wespen so sehr, dass er sich auf die Suche nach ihrem Nest begab, um es zu zerstören. Diese Suche führte ihn bis auf den Boden der alten Scheune. Sie war in der für diese Region üblichen Bauweise an den Wohnteil des Gebäudes angebaut und wurde durch eine Tür mit diesem verbunden. Im unteren Teil der Scheune hatten sich einst die Stallungen befunden, auf dem Boden hatte man das Heu gelagert.

An der Verbindungswand zwischen Wohnbereich und Scheune befand sich ein gemauerter Kamin. Zwischen den Fugen entdeckte Borkenrath einen kleinen Spalt, in dem die Wespen verschwanden. Das Mauerwerk war alt und der Zement in den Fugen bröckelig. Borkenrath hätte ihn mit den Fingern herauskratzen können. Nur an einer Stelle schien der Vorbesitzer ihn repariert zu haben, denn dort schienen relativ neue Steine eingemauert zu sein und der Zement zwischen den Fugen war hart.

Mit Hammer und Meißel schlug Borkenrath ein paar Steine aus dem Kamin. Die Wespen ließen sich davon jedoch nicht stören. Sie schwirrten weiterhin durch ihre Ritze in den Kamin hinein und orientierten sich dann nach unten. Da er in dem dunklen Schacht nichts erkennen konnte, holte Borkenrath eine Taschenlampe aus seinem Wagen und leuchtete mit ihr den Kamin hinab. Was er sah, ließ ihn erschauern. Weit unten, am Boden des Kamins, lag ein menschliches Skelett.

Nachdem Borkenrath sich von seinem Schreck erholt hatte, fuhr er zum Dorfpolizisten. Dieser ließ sich in Borkenraths Wagen sofort mitnehmen, begutachtete das Skelett und benachrichtigte seine vorgesetzte Dienststelle. Die wiederum meldete den Fall der Staatsanwaltschaft und der zuständigen Kriminalbehörde.

Ein paar Stunden später waren die Kriminalbeamten der Mordkommission Aurich, ein Vertreter der Staatsanwaltschaft und die Spurensicherung eingetroffen. Alle blickten den Kamin hinab und waren sich einig, dass bei den augenblicklichen baulichen Gegebenheiten nichts zu machen war. Der Schornstein musste aufgestemmt werden.

Inzwischen hatten Borkenrath und die vergleichsweise unerfahrenen Beamten alle eventuellen Spuren zertrampelt.

Ein Bauunternehmer wurde beauftragt, den Schornstein unter Anleitung der Beamten von der Spurensicherung aufzustemmen. Das dauerte länger als üblich, da der Maurer die Arbeiten besonders vorsichtig ausführen musste. Es sollten möglichst weder Mörtel, Staub noch Steine in das Innere des Kamins fallen.

Während die Beamten darauf warteten, dass das Skelett freigelegt wurde, machte ein Polizeifotograf Aufnahmen von dem Kamin, insbesondere von dem Loch, das Borkenrath gestemmt hatte, aber auch von dem offenbar erst kürzlich reparierten Mauerwerk.

Nach zwei Stunden war endlich ein Loch freigelegt, durch das die Beamten ungehindert an das Skelett herankamen. Es war so weit zusammengesunken wie der enge Kamin es zugelassen hatte. Fleisch- und Hautreste waren an den Knochen nicht mehr erkennbar. In der Schädeldecke klaffte jedoch ein großes Loch.

Der Fotograf machte Aufnahmen von dem Skelett, während der Vertreter der Staatsanwaltschaft den zuständigen

Rechtsmediziner beauftragte, Skelett und Fundort zu untersuchen. Bis zu dessen Eintreffen durfte am Fundort und im Haus nichts verändert werden.

Als der Pathologe Dr. Sascha Eberlein endlich erschien, wurde das Skelett unter seiner Aufsicht aus dem Schornstein gehoben und in eben jener Stellung, in der es gefunden worden war, in einen Plastiksack gepackt. Anschließend wurden von den Wänden und dem Boden des Kamins alle Gegenstände, die nicht eindeutig dorthin gehörten, beispielsweise lose Mörtelreste, eingesammelt, in kleine Beutel gepackt und beschriftet. Das Skelett und die Fundstücke wurden in die Rechtsmedizin nach Hannover gebracht.

Die nachfolgende Untersuchung bestätigte die Mutmaßung der Kriminalbeamten, dass der Tote ermordet worden war. An seinem Hinterkopf klaffte eine Öffnung, die der Größe einer Zwei-Euro-Münze entsprach. Ihre Ränder waren gezackt und die Schädeldecke an dieser Stelle leicht nach innen gebogen. Der Täter musste demnach mit einem Hammer oder einem ähnlichen Gegenstand kräftig auf sein Opfer eingeschlagen haben. Im Schädel fand Dr. Eberlein die eingeschlagene Schädelpartie.

Anhand des spezifischen Knochenbaus konnte Dr. Eberlein das Skelett als das eines Mannes identifizieren. Die Arm- und Beinknochen waren stärker ausgeprägt als die einer Frau, außerdem standen die Beckenknochen enger zusammen. Der Mann war bei seinem Tod zwischen 70 und 80 Jahre alt gewesen. Die Knochen und Gelenke zeigten die typischen Verschleißerscheinungen für Menschen dieses Alters. Zudem handelte es sich bei dem Toten eindeutig um einen Weißen. Wäre es ein Schwarzer oder ein Asiat gewesen, hätte das Skelett eine breitere Nasenpartie aufweisen müssen.

Arme, Beine und Schlüsselbein wiesen Bruchverletzungen auf, die jedoch nichts mit dem Tod des Mannes zu tun hatten. Sie waren längst verheilt.

Dr. Eberlein ließ seine Ergebnisse zur Sicherheit von einem Anatomieexperten überprüfen, der den Befund jedoch bestätigte.

Während der Untersuchung hatte Dr. Eberlein eine interessante Entdeckung gemacht. Im Inneren des Schädels befanden sich zwei Wespennester. Sie waren allerdings nicht von den Wespen gebaut worden, die Borkenrath belästigt hatten. Deren Nest hatte man an einer Eisenstange gefunden, die zur Stabilisation des Schornsteins quer durch die Öffnung verlief und an beiden Enden eingemauert war. Die Nester im Schädel des Toten waren verlassen. Bei ihnen fand Dr. Eberlein auch die leere, vertrocknete Haut einer Insektenpuppe. Da er sich nicht kompetent genug fühlte, die richtigen Schlüsse aus diesen Funden ziehen zu können, wurde ein Entomologe, ein Insektenwissenschaftler, zur Untersuchung hinzugezogen. Das Ergebnis der Untersuchung war höchst interessant. Es erlaubte Rückschlüsse auf den Todeszeitraum.

Wespennester werden jeweils für eine Sommersaison gebaut. Die Wespen beginnen mit dem Nestbau im Frühjahr nach ihrem Winterschlaf, wenn es bereits warm ist. In der in Frage kommenden Region dürfte das im April oder Mai gewesen sein. Die Haut der nahe der Nester gefundenen Puppe gehörte zu einer Schmeißfliege; andere abgestorbene Insektenteile waren nicht gefunden worden. Da Wespen ihre Nester nur an trockenen Orten bauen, musste der Schädel zum Zeitpunkt des Nestbaus vollkommen sauber und trocken gewesen sein. Die Schmeißfliege, zu der die ausgetrocknete Insektenpuppe gehörte, legt ihre Eier aber nur in frisch verstorbene oder verendete Lebewesen.

Rechnete man vom Zeitpunkt des Leichenfundes zu den in zwei verschiedenen Jahren gebauten Nestern bis hin zur ersten Eiablage der Schmeißfliege zurück und berücksichtigte man dabei die Besonderheit des Fundortes sowie die dortigen klimatischen Bedingungen, dann ergab sich für den Entomologen ein Zeitraum von drei Jahren. Der Tote war demnach etwa drei Jahre vor dem Auffinden seiner Leiche erschlagen worden.

Diese Informationen wurden nun zusammen mit Bildern vom Gebiss und Röntgenaufnahmen von den Knochenbrüchen des Toten an die Mordkommission weitergegeben, die nun die Identität des Toten festzustellen hatte.

Einen ersten Hinweis erhielten die Beamten von einem Zahnarzt aus Aurich. Die Fotos und Röntgenbilder von dem Gebiss des Toten stimmten mit den Angaben auf einer seiner Patientenkarten überein. Wie die Polizei bereits vermutet hatte, stammten sie von Onno Berendt, dem ehemaligen Besitzer des Anwesens, der vor etwa drei Jahren zu seinem Sohn nach Amerika gereist sein sollte.

Die Angaben, die der Zahnarzt zur Identität des Toten machte, wurden vom Krankenhaus in Aurich bestätigt. Die Röntgenbilder der Knochenbrüche stimmten in zwei Fällen mit den Aufnahmen überein, die im Krankenhaus aufbewahrt wurden. In beiden Fällen stammten sie von Onno Berendt.

Auch die von Dr. Eberlein vorgenommene Altersbestimmung erwies sich als zutreffend. Onno Berendt war vor drei Jahren 76 Jahre alt gewesen.

Die Suche nach Berendts Sohn hingegen gestaltete sich schwieriger als angenommen. Berendts Haus war über einen Immobilienmakler verkauft worden. Dazu lagen ordnungsgemäße Papiere vor. Das Haus war bereits vor fünf Jahren vom Vater auf den Sohn überschrieben worden. Der Vater hatte dafür lebenslanges Wohnrecht und eine Leibrente erhalten. Der Sohn, der ebenfalls Onno Berendt hieß, hatte vor einem halben Jahr einen Auricher Rechtsanwalt mit dem Verkauf des Hauses beauftragt. Dieser hatte den Auftrag an einen ortsansässigen Immobilienmakler weitergeleitet. Nach Auskunft des Rechtsanwalts hatte der Sohn persönlich mit ihm gesprochen und alle für den Verkauf notwendigen Papiere vorgelegt. Den Verkaufserlös sollte der Rechtsanwalt auf ein Luxemburger Bankkonto überweisen. Dazu war es bis jetzt jedoch nicht gekommen, da man, noch bevor das Geld auf dem Konto des Rechtsanwalts eingegangen war, Berendts Leiche gefunden hatte. Als Heimatadresse hatte Berendt jr. dem Rechtsanwalt eine Chicagoer Anschrift genannt. Da der Anwalt aber nie einen Grund gehabt hatte, mit dem Mann in Kontakt zu treten, hatte er bislang nicht versucht, ihn unter der angegebenen Adresse zu erreichen.

Während des Gesprächs mit dem Rechtsanwalt erfuhren die Beamten, dass Berendt jr. für die Abwicklung der Verkaufsmodalitäten eine Sterbeurkunde seines Vater vorgelegt hatte. Nur damit war es ihm möglich gewesen, das Haus zu verkaufen, da das lebenslange Wohnrecht seines Vaters im Grundbuch eingetragen war. Der Anwalt gab den Beamten eine Kopie des Dokuments.

Im Zuge weiterer Nachforschungen stellte sich heraus, dass die von Berendt jr. hinterlegte Adresse zu einer Briefkastenfirma gehörte. Diese lag in einem Bürohochhaus in der Chicagoer City. Die Inhaberin der Firma trat für die geschäftlichen oder privaten Anliegen verschiedener Klienten ein. Wo sich ihre Klienten aufhielten, konnte sie nicht immer mit Bestimmtheit sagen. Im Fall von Berendt jr. konnte sie diesbezüglich überhaupt keine Informationen geben.

Die Beamten der Mordkommission begaben sich nun verstärkt auf die Suche nach Berendt jr. Zudem musste die Herkunft der offenbar gefälschten Sterbeurkunde geklärt werden. Die Beamten befragten Nachbarn, Ladenbesitzer, ehemalige Schulkameraden, Lehrer und sonstige Personen, die in irgendeinem Verhältnis zu Berendt jr. gestanden hatten. Selbst die bereits beachtliche Müllhalde, die Borkenrath aus den im Haus befindlichen Hinterlassenschaften errichtet hatte, wurde gründlich untersucht.

Die Ausbeute all dieser Ermittlungen war mager. Die Nachbarn erklärten, dass Berendt jr. vor ungefähr zehn Jahren in die USA gegangen war. Erst fünf Jahre später wäre er zum ersten Mal wieder zu Hause aufgetaucht. Damals war seine Mutter gestorben und Berendt. jr. habe wahrscheinlich ihre Beerdigung besucht. Er habe einen protzigen Wagen gefahren und mit seinen geschäftlichen Erfolgen in Amerika geprahlt. Danach sei er nur noch einmal heimgekehrt, um seinen Vater zu sich nach Amerika zu holen.

Berendt jrs. ehemaliger Klassenlehrer beschrieb seinen früheren Schüler als durchschnittlich begab. Er sei wild und ungestüm gewesen und habe nicht mehr Leistung erbracht, als man von einem Jungen, dem das Lernen keinen Spaß machte, erwarten durfte. Der Meister der Kfz-Werkstatt, bei dem Berendt jr. in die Lehre gegangen war, bestätigte diese Aussage. Alles in allem sei er theoretisch mittelmäßig, fachlich aber sehr gut und charakterlich unauffällig gewesen. Einen Hang zur Großspurigkeit habe er dabei immer gehabt. Zu ehemaligen Schülern und Spielgefährten hatte Berendt jr. keine Verbindung gehalten.

In Borkenraths Moorkate waren unterdessen drei Postkarten gefunden worden. Zwei davon waren mit einer Adresse versehen. Die dritte stammte von einer Reise. Sie war am Grand Canyon abgestempelt worden. Das Stempeldatum lag bei allen drei Karten mehr als sieben Jahre zurück.

Die Kriminalbeamten sahen langsam ein, dass sie auf den bislang eingeschlagenen Wegen nicht zum Ziel gelangten. Die einzige Möglichkeit, Berendt jr. aufzuspüren, war ihrer Meinung nach das Luxemburger Bankkonto, auf das der Verkaufserlös des Hauses überwiesen werden sollte.

Nachdem der Rechtsanwalt die Summe erhalten hatte, leitete er sie auftragsgemäß nach Luxemburg weiter. Die ermittelnden Beamten waren über diese Aktion informiert worden und hatten ihre Luxemburger Kollegen von dem Fall in Kenntnis gesetzt. Da es von Berendt jr. keine aktuelle Fotografie gab, verfügten die Luxemburger Beamten nur über die Personenbeschreibung, welche die Kriminalbeamten von den Nachbarn erhalten hatten. Zu ihrer Unterstützung flog ein Beamter der Mordkommission Aurich nach Luxemburg. Zusammen mit zwei Luxemburger Kollegen postierte er sich unauffällig in der Schalterhalle der kontoführenden Bank, um den Gesuchten zu verhaften, sobald er das Geld abholte. Der dazu nötige internationale Haftbefehl war bereits erlassen worden.

Eine Woche lang beobachteten sie die Bank vergeblich, dann wurden die Luxemburger Polizisten abgezogen und der Auricher Beamte flog zu seiner Dienststelle zurück. Mit der Bankdirektion war unterdessen vereinbart worden, dass sie unverzüglich die Polizei alarmieren würde, sobald Berendt jr. in der Bank erschien oder das Geld auf ein anderes Konto überweisen ließe.

Die Ermittler mussten jedoch noch fast zwei Monate warten, bevor sie die Mitteilung erhielten, dass das Geld auf ein Konto der Dresdner Bank in München transferiert werden sollte.

Zwei Kriminalbeamte der Mordkommission Aurich fuhren daraufhin nach München. Doch es dauerte abermals fünf Wochen, bevor sich etwas tat. Berendt jr. schien ein vorsichtiger Mann zu sein. Die Kriminalbeamten aus Aurich waren längst wieder zurückgereist, als aus München die Nachricht eintraf, dass Berendt jr. verhaftet worden war.

Der Verdächtige wurde zur Mordkommission nach Aurich überführt und von einem Verhörspezialisten der Dienststelle vernommen. Im Laufe dieses Verhörs wies Berendt jr. jede Schuld an dem Tod seines Vaters zurück. Ihm zufolge war sein Vater vor drei Jahren mit ihm in die USA gereist. Dort sei er dann gestorben. Zum Beweis nannte Berendt jr. den Beamten das Reisebüro, in dem er die Tickets für den Flug gebucht hatte.

Diesbezügliche Nachforschungen ergaben, dass im besagten Reisebüro im angegebenen Zeitraum tatsächlich zwei One-Way-Tickets für einen Flug von Hannover über Frankfurt nach New York gebucht worden waren. Die Mietwagenfirma, bei der Berendt jr. bei seiner Ankunft in Deutschland einen Leihwagen gemietet hatte, bestätigte, dass der Wagen am Tag des Abflugs abgegeben worden war. Wie viele Personen darin gesessen hatten, konnten sie jedoch nicht sagen.

Durch Erkundigungen bei der Fluglinie stellte sich jedoch heraus, dass nur ein Onno Berendt an Bord der Maschine von Hannover nach Frankfurt gewesen war. Und auch von Frankfurt aus war nur ein Onno Berendt nach New York geflogen.

Diesem Widerspruch setzte Berendt jr. entgegen, dass sein Vater, der sich nie zu etwas habe entschließen können, auf diesem Flug tatsächlich nicht mit ihm geflogen sei. Er habe auf dem Flughafen von Hannover plötzlich Angst bekommen und sei nach Hause zurückgefahren. Berendt jr. war es unmöglich gewesen, seinen Vater umzustimmen. Da der Flug bereits gebucht war und sonst verfallen wäre, sei er dann allein geflogen. Von New York aus habe er dann noch einmal mit seinem Vater telefoniert, um sich nach dessen Befinden zu erkundigen. Er hatte den Eindruck gehabt, dass es seinem Vater gut ginge, zumindest besser, als an den Tagen zuvor.

Auf die Frage hin, warum er behauptet habe, dass sein Vater in den USA verstorben sei, gab er zu Protokoll, dass er das nur getan habe, um lästigen Fragen nach dem Befinden seines Vaters zu entgehen.

Anschließend fragte der Beamte ihn, woher er gewusst habe, dass sein Vater nicht mehr in seinem Haus lebte, so dass er es verkaufen konnte. Daraufhin erhielt er von Berendt jr. die Antwort, dass er schon länger versucht hatte, mit seinem Vater in Kontakt zu treten und er, als ihm das nicht geglückt sei, angenommen habe, dass sein Vater gestorben sei. Um zu beweisen, dass das Wohnrecht seines Vaters erloschen sei, habe er dem mit dem Verkauf betrauten Rechtsanwalt erklärt, sein Vater sei in den USA gestorben und ihm eine gefälschte Sterbeurkunde vorgelegt.

Die Frage, warum so lebensnotwenige Anschlüsse wie Telefon, Strom und Wasser bereits vor drei Jahren zeitgleich mit der vermeintlichen Abreise des Vaters in die USA abgemeldet worden waren, konnte der Verdächtige hingegen nicht mehr überzeugend beantworten. Ebenso wenig wie die Frage, warum seit dem angeblichen Abflug niemand mehr Behrendt sen. gesehen habe, wo dieser doch angeblich in Deutschland geblieben sei. Berendt jr. verweigerte daraufhin jede weitere Aussage und verlangte nach einem Anwalt.

Dieser muss ihn dann wohl davon überzeugt haben, dass es in seiner Situation besser sei, ein volles Geständnis abzulegen, was kurz darauf auch geschah. Was Berendt jr. dabei zu Protokoll gab war Folgendes: Zwei Abende vor dem Abflug sei es zu einem Streit zwischen ihm und seinem Vater gekommen. Sein Vater sei nach dem Tod seiner Frau sehr einsam gewesen und habe ihn immer gedrängt, ihn zu sich in die USA zu holen. Er habe dies seinem Vater auch versprochen. Da seine finanzielle Lage aber recht schlecht aussah, habe er die Reise immer wieder hinausgeschoben. Schließlich habe der Vater versprochen, die Reise für sie beide zu bezahlen und dem Sohn obendrein noch 20 000 Mark zu schenken. Am Abend vor der Abreise habe Berendt jr. seinen Vater um das zugesagte Geld gebeten, da er, um die Reise buchen zu können, Schulden hatte machen müssen. In dem Moment habe sein Vater von seinem Versprechen jedoch nichts mehr wissen wollen. Er habe sich sogar geweigert, seine eigene Reise zu bezahlen. Darüber sei es zu einem Streit und zu Handgreiflichkeiten gekommen. In seiner Wut habe Berendt jr. zu einem Hammer gegriffen und auf seinen Vater eingeschlagen. Es sei eine reine Affekthandlung gewesen. Im Nachhinein sei er über seine Tat sehr verzweifelt gewesen, schließlich ließ sie sich nicht mehr rückgängig machen. Da er nicht gewusst hatte, was er tun sollte, habe er die Leiche seines Vaters kurzerhand im Kamin eingemauert. Er war überzeugt gewesen, dass sie dort niemals jemand finden würde. Die Nachbarn hatte er in dem Glauben gelassen, dass sein Vater mit ihm in die USA geflogen sei.

Das Gericht befand Berendt jr. auf der Grundlage dieser Aussage nur des Totschlags an seinem Vater für schuldig.

Obwohl der Staatsanwalt und der Richter davon überzeugt waren, dass es sich bei der Tat um einen vorsätzlichen Mord aus Habgier handelte, war dem Angeklagten der Vorsatz nicht nachzuweisen.

Mittlerweile befindet sich Berendt jr. wieder auf freiem Fuß. Er lebt heute in einer Großstadt in Süddeutschland.

Kapitel 2

Der genetische Fingerabdruck

Der Schlächter von Harburg – Ein Fall für DNA-Spezialisten

Seit über einer Woche lag eine Hitzewelle über Norddeutschland. Auch am 17. Juni sollte das Thermometer laut Vorhersage über 30°C klettern. Ole Vossberg, Streckenarbeiter bei der Deutschen Bahn AG, nutzte deshalb die kühleren Morgenstunden, um den Schienenstrang bei Wilhelmsburg abzugehen. Die leichte Brise, die vom Hafen herüberwehte, sorgte dabei für etwas Erfrischung. Sie trug aber auch einen unangenehmen Geruch zu ihm herüber. Je weiter Vossberg ging, desto penetranter wurde dieser Gestank. Schließlich war er so widerlich, dass Vossberg ein Taschentuch gegen seine Nase pressen musste, damit ihm nicht schlecht wurde. Den Geruch von Öl und Schmiere, der dem nicht gerade sauberen Taschentuch anhaftete, empfand er in diesem Moment als wahre Wohltat. Nachdem er ein kleines Stück weitergegangen war, glaubte Vossberg, die Ursache für den Gestank entdeckt zu haben.

Ein Plastiksack lag zwischen den Gleisen. Er war an mehreren Stellen eingerissen und ein Schwarm Fliegen hatte sich darauf niedergelassen. Vossberg vergewisserte sich, dass er die in der Regel stark befahrene Strecke gefahrlos betreten konnte und stieg über die Gleise. Mit einer Stahlstange, die er beim Abgehen der Gleise stets bei sich trug, schob er den Plastiksack an einer zerrissenen Stelle auseinander. Sogleich stoben die dadurch aufgeschreckten Fliegen in die Höhe und umschwirrten ihn. Als Vossberg sie voller Ekel verscheucht hatte, blickte er auf ein halb von einer Zeitung verdecktes Stück behaarten Fleisches. Es sah aus wie ein Stück eines menschlichen Unterschenkels. Angewidert sprang Vossberg auf den Bahndamm zurück. Er wartete, bis ein Güterzug vorbeigedonnert war, fischte sein Handy aus dem Overall und rief seinen Vorgesetzten an. Dieser wies ihn an, bei der Fundstelle zu bleiben, bis Verstärkung komme, und gab die Meldung an die Bahnpolizei weiter.

Etwa zehn Minuten später trafen zwei Beamte am Fundort ein. Sie begutachteten den Plastiksack und alarmierten die Kriminalpolizei.

Um 10.45 Uhr befanden sich ein Kriminalhauptkommissar, ein Kriminalkommissar, einige Techniker der Spurensicherung und eine Rechtsmedizinerin am Fundort. Den Zugverkehr hatte man zu diesem Zeitpunkt eingestellt, was die Bahn vor ein gewaltiges Organisationsproblem stellte.

Eine erste Untersuchung am Fundort ergab, dass es sich bei dem schon stark in Verwesung befindlichen Inhalt des Plastiksacks tatsächlich um den Unterschenkel eines Menschen handelte.

Die Spurensicherung hatte auf einer Entfernung von rund 30 Metern kleinere Plastikstücke gefunden, die von ihrem Material und ihrer Farbe her zu dem Sack passten, in dem sich der Körperteil befand. Weitere Spuren wurden nicht entdeckt. Der Fund wurde verladen und die Strecke wieder freigegeben.

Nun war Rechtsmedizinerin Dr. Rita Vierpfennig an der Reihe. Sie untersuchte den Fund und stellte fest, dass es sich um den linken Unterschenkel eines etwa 40 Jahre alten Mannes handelte. Haarstruktur und Pigmentierung des Schenkels deuteten auf einen Südeuropäer hin. Die Verwesungsspuren und die Insektenpopulation ließen wiederum den Schluss zu, dass der Schenkel bei dem heißen Wetter etwa fünf Tage lang der Luft ausgesetzt gewesen war. Ob er so lange am Fundort gelegen hatte oder an einer anderen Stelle, war jedoch nicht festzustellen. Zwischen den Beinhaaren entdeckte Dr. Vierpfennig zudem zwei Haare, die offensichtlich fremden Ursprungs waren. Eine spätere Untersuchung ergab, dass sie von einem jungen Schaf stammten.

Des Weiteren stellte Dr. Vierpfennig fest, dass derjenige, der den Unterschenkel amputiert hatte, anatomische Grundkenntnisse besitzen musste. Die Trennschnitte waren nämlich so akkurat gesetzt worden, dass der Schenkel nicht unnötig verletzt worden war. Chirurgen und Ärzte schieden als Amputeure jedoch aus, denn dazu waren die Schnittflächen nicht glatt und sauber genug. Dr. Vierpfennig schien es, als habe jemand den Unterschenkel mit einem großen Haushaltsmesser am Fuß- und Kniegelenk abgetrennt. Zahlreiche kleine Rissstellen zeigten, dass das Messer zwar nicht stumpf gewesen, aber auch nicht professionell geschärft worden war.

Um diesem Fall zukünftig eventuelle weitere Funde zuordnen zu können, ließ Dr. Vierpfennig eine DNA-Analyse des Unterschenkels durchführen.

Die labortechnischen Untersuchungen des Plastiksackes erbrachten keine verwertbaren Ergebnisse. Es handelte sich um einen schwarzen Müllsack, wie er in jedem Supermarkt verkauft wurde. Er war neu und offenbar von einer Rolle abgerissen worden. Fingerabdrücke wurden darauf nicht gefunden. Die Blutspuren stammten ausnahmslos von dem darin eingewickelten Körperteil. Die Risse waren durch den Bodenaufprall und durch das Abrollen auf dem Schotter entstanden.

Bei der Zeitung, in die der Unterschenkel eingewickelt gewesen war, handelte es sich um eine Ausgabe der Bild vom 15. Juni. Sie wirkte – bis auf die Einwickelspuren – unbenutzt und ungelesen.

Der ermittelnde Kriminalhauptkommissar Horst Brettschneider schloss aus diesen Untersuchungsergebnissen, dass der Unterschenkel aus einem Zug geworfen worden oder von einem Güterwagon gefallen war – eine dürftige Ausgangsbasis für weitere Ermittlungen.

In den nächsten Tagen ging Brettschneider alle Vermisstenmeldungen durch. Er suchte einen etwa 40-jährigen Mann südländischen Typs. Bald fand er zwei Personen, die passen konnten. Die erste, ein Italiener aus Köln, wurde allerdings bereits seit dem 5. Januar, die zweite, ein Grieche aus München, sogar schon seit dem 3. Juni des Vorjahres vermisst. Beide hatten Frauen und Kinder zurückgelassen. Für Brettschneider kamen diese Männer als mögliche Opfer jedoch nicht in Frage. Sie hatten sich seiner Meinung nach in ihre Heimatländer abgesetzt, um sich drohenden Unterhaltszahlungen zu entziehen.

Brettschneider hatte den Fall in Gedanken schon ungelöst zu den Akten gelegt, als ihm eines Morgens am Frühstückstisch eine Zeitungsmeldung ins Auge sprang: In der Nähe von Aachen war in einem Güterwagon mit Schüttgut der abgetrennte Arm eines Mannes gefunden worden. Die Möglichkeit, dass das Hamburger und das Aachener Fundstück zu ein und derselben Person gehörten, hielt Brettschneider für ziemlich wahrscheinlich. Daher rief er noch vom Frühstückstisch aus Kriminalkommissar Helge Schippers an und beauftragte ihn, Informationen über den Aachener Fund einzuholen. Als Brettschneider eine dreiviertel Stunde später sein Büro betrat, unterbreitete Schippers ihm Folgendes: Einem Stellwerksleiter war eine Plastiktüte in einem der Wagons eines vorbeifahrenden Güterzuges aufgefallen. Er hatte von dem Hamburger Fall gehört und seine Entdeckung daher unverzüglich gemeldet. In Aachen, einer Zwischenstation des Güterzugs, wurde der beschriebene Wagon überprüft und der Plastiksack gefunden. Darin befand sich der rechte Arm eines Mannes, der in eine Bildzeitung vom 23. Juni eingewickelt war.

Nachdem ein DNA-Vergleich ergeben hatte, dass der Hamburger Unterschenkel und der Aachener Arm von derselben Person stammten, übernahm die Kriminalpolizei Hamburg, die ja bereits die ersten Untersuchungen durchgeführt hatte, die weiteren Ermittlungen.

Am 27. Juni lag der Aachener Fund auf dem Seziertisch von Dr. Vierpfennig. Der Plastiksack, in den man den Arm eingewickelt hatte, war noch verschlossen, so dass eine Bestimmung der Lagerzeit im Freien nicht möglich war. Nach Abwägung aller Faktoren, wie Verwesungszustand und Wetter, kam Dr. Vierpfennig zu dem Schluss, dass sich der Arm etwa so lange im Freien befunden haben musste wie der Unterschenkel. Abgesehen von der DNA, die schon eindeutig bewiesen hatte, dass beide Körperteile von derselben Person stammten, wiesen auch Haare, Haut und Pigmentierung übereinstimmende Merkmale auf. Am Plastiksack und an der Zeitung waren wie beim ersten Fund keine verwertbaren Spuren feststellbar.

In den nächsten Tagen wurden weitere Körperteile gefunden, die alle in die Hamburger Rechtsmedizin gesandt wurden:

- am 30. Juni der rechte Oberschenkel, Fundort Kassel, eingewickelt in eine Bildzeitung vom 26. Juni.
- am 1. Juli der linke Oberschenkel, Fundort Flensburg, eingewickelt in eine Bildzeitung vom 29. Juni, sowie der linke Arm, Fundort Lingen, eingewickelt in eine Bildzeitung vom 30. Juni.
- am 4. Juli der Torso, Fundort Duisburg, nicht in eine Bildzeitung eingewickelt.
- am 6. Juli der rechte Unterschenkel, eingewickelt in eine Bildzeitung vom 3. Juli.

Dr. Vierpfennig setzte die vorhandenen Fundstücke, die mithilfe von DNA-Vergleichen erneut derselben Person zugeordnet werden konnten, zusammen. Kopf, Hände und Füße fehlten. Die restlichen Leichenteile kennzeichnete Dr. Vierpfennig mit einem Zettel, auf dem Fundort und -datum vermerkt waren. Die Todeszeit war äußerst schwer zu ermitteln, da die einzelnen Körperteile unterschiedlich lange der Luft ausgesetzt gewesen waren. Aus den Datierungen der Zeitungen, die jeweils einige Tage vor dem Auffinden der Leichenteile erschienen waren, schloss Dr. Vierpfennig, dass der Täter sie gelagert hatte, bevor er sie entsorgte, wahrscheinlich in einem Kühlhaus oder in einer großen Kühltruhe. Da sie weder die Lagerdauer noch die Kühltemperatur kannte, war es ihr jedoch nicht möglich, den genauen Todeszeitpunkt zu bestimmen.

Dr. Vierpfennig konnte aber einige Besonderheiten feststellen: Normalerweise sammelt sich das Blut nach dem Eintritt des Todes der Schwerkraft folgend an der tiefsten Stelle des Körpers. Liegt der Tote auf dem Rücken, sind dies der Rücken, der Nacken und die Oberschenkel. Bei den vorhandenen Leichenteilen war jedoch nirgendwo eine Blutansammlung festzustellen. Sie waren vielmehr nahezu blutleer – ein Zustand, der nicht erreicht worden wäre, wenn die Körperteile nach dem Tod abgetrennt und verpackt worden wären. In diesem Fall hätte es mehr Blut in den Leichenteilen geben müssen, als vorgefunden worden war. Vor allem aber hätte die Verpackung starke Blutspuren aufweisen müssen. Ein makaberer Gedanke drängte sich Dr. Vierpfennig auf: Die Leichenteile machten den Eindruck, als hätte man den Toten zunächst ausbluten lassen, bevor man ihn zerteilte.

Darüber hinaus gab es weitere Besonderheiten. Das Geschlechtsteil des Leichnams war entfernt worden, und zwar nicht einfach abgeschnitten, sondern mit dem Hodensack herausgelöst worden. Der Darm war am After fachmännisch abgetrennt worden, so dass er herausgezogen werden konnte. Das Sonderbarste aber war: Alle inneren Organe, einschließlich Luft- und Speiseröhre, sowie der Darm fehlten.

An der vierten und fünften Rippe auf der linken Seite entdeckte Dr. Vierpfennig fünf Zentimeter vom Brustbein entfernt eine Abschürfung und eine etwa zwei Millimeter tiefe Einkerbung. Diese Verletzungen waren offensichtlich von einem Messer verursacht worden. Es musste dem Opfer mit aller Gewalt in die Brust gestoßen worden sein.

Außerdem hatte Dr. Vierpfennig auf der Brust der Leiche zwei über Kreuz liegende schwarze Haare gefunden. Die DNA dieser Haare, die scheinbar von einer Frau stammten, stimmte nicht mit jener der Leichenteile überein.

Die vermissten Körperteile und Organe, die Luft- und die Speiseröhre sowie der Darm blieben auch während der weiteren Ermittlungen verschollen.

Die labortechnische Untersuchung der Plastiksäcke ergab, dass alle Säcke neu waren, in ganz Deutschland vertrieben wurden und jeweils Rissspuren und Abschürfungen aufwiesen. Nach Aussage eines Technikers entstanden solche Spuren, wenn ein gefüllter Plastiksack auf einen sich schnell bewegenden Gegenstand geworfen wird.

Sowie die Presse vom Fehlen der Organe und des Geschlechtsteils hörte, begannen heftige Spekulationen um einen Ritualmord im Ausländermilieu. Vor allem die gekreuzten Haare regten die Phantasie der Medien an und führten zu den wildesten Theorien, die von zu Rate gezogenen Psychologen teilweise noch untermauert wurden.

Unter dem Druck der Presse machten sich auch einige Politiker sowie die Staatsanwaltschaft diese Theorie zu Eigen, woraufhin der Ermittlungsleiter, Kriminalhauptkommissar Brettschneider, beauftragt wurde, vordringlich in diese Richtung zu ermitteln.

Brettschneider ließ sich jedoch weder durch den Presserummel noch durch den Druck der Staatsanwaltschaft aus der Ruhe bringen. Vielmehr traf er sich wiederholt mit Dr. Vierpfennig, um offene Fragen zu erörtern.

Anhand der ermittelten Fakten kamen beide Beamten zu der Überzeugung, dass der Tote regelrecht geschlachtet worden war. Als Täter kam nur eine Person mit anatomischen Grundkenntnissen in Frage, die sich ebenso mit der Technik des Schlachtens auskannte. Sie hatte die Leiche zunächst wie Schlachtvieh aufgehängt und fachmännisch ausbluten lassen. Anschließend hatte sie die Bauchdecke aufgeschnitten, Organe sowie Innereien entfernt und die Leiche fachgerecht zerteilt.

Dr. Vierpfennig zufolge deutete ein Großteil der Untersuchungsergebnisse auf einen Schlachter als Täter hin. Dagegen sprach allerdings, dass die bei der Tötung und

Zerteilung der Leiche verwendeten Messer nicht scharf genug gewesen waren. Ein Schlachter hätte sein Werkzeug vor Beginn der Arbeit gründlich geschliffen und abgezogen. Zudem waren die Trennschnitte für einen geübten Schlachter nicht sauber genug geführt. Damit kamen für Dr. Vierpfennig nur Personen wie Schlachterlehrlinge, Gehilfen oder Menschen, die oft bei Schlachtungen zugeschaut hatten, als Täter in Frage

Dass der Kopf sowie Hände und Füße der Leiche weiterhin unauffindbar blieben, bereitete den Beamten kaum Kopfzerbrechen. Wahrscheinlich befürchtete der Täter, die Leiche könne anhand dieser Körperteile identifiziert werden, und hatte sie deshalb gesondert entsorgt.

Was sich indes weder die Rechtsmedizinerin noch die Beamten der Mordkommission erklären konnten, war der Grund für das Heraustrennen des Geschlechtsteils. Keines der Motive, die sie für möglich hielten, befriedigte sie.

Für Dr. Vierpfennig war die Arbeit an diesem Fall damit vorerst beendet. Sie hatte getan, was sie tun konnte. Sie hatte wertvolle Fakten ermittelt und sachgemäß interpretiert. Die weiteren Ermittlungen lagen nicht in ihrem Aufgabenbereich. Als Rechtsmedizinerin hat sie weder für noch gegen einen möglichen Angeklagten zu arbeiten. Sie muss vielmehr unvoreingenommen und unparteiisch analysieren. Das ist nicht immer leicht, denn trotz ihres routinemäßigen Umgangs mit Verbrechen gehen auch Wissenschaftlern die schrecklichen Taten und die Schicksale der Opfer oft nahe.

Kriminalhauptkommissar Brettschneider oblag nun die schwierige Aufgabe, den oder die Täter zu finden, was in diesem Fall soviel bedeutete, wie die Nadel im Heuhaufen zu finden. Dank Dr. Vierpfennigs präziser Arbeit wusste er zwar, welchen Kreisen der Täter vermutlich angehörte, doch bevor er eine sinnvolle Suche einleiten konnte, musste er den Tatort finden. So wie die Dinge im Augenblick lagen, hätte sich dieser überall in der Bundesrepublik befinden können.

Unterstützung erhoffte sich Brettschneider von der Deutschen Bahn AG. Er beraumte daher als Erstes eine Besprechung mit Martin Schneider an, einem Spezialisten der Gesellschaft für den Güterverkehr. Diesem legte er eine Deutschlandkarte vor, auf der in Rot die Fundorte der einzelnen Leichenteile markiert waren. Die Aufgabe, so Brettschneider, sei herauszufinden, ob es irgendwo im Schienennetz der Deutschen Bahn einen Punkt gab, den alle Züge, die Leichenteile transportiert hatten, passieren mussten. Wäre ein solcher Knotenpunkt zu finden, ließe sich der Tatort auf einen überschaubaren Bereich eingrenzen.

Grundsätzlich sei dies machbar, erklärte Schneider. Anhand der Nummer und der Ladepapiere könne man den Weg jedes einzelnen Wagons zurückverfolgen. Da Güterzüge normalerweise von einem Hauptrangierbahnhof zum nächsten fahren, wo die einzelnen Wagons abgekoppelt und zu neuen Zügen zusammengestellt werden, könne man mit etwas Glück einen Rangierbahnhof finden, den alle Wagons in dem besagten Zeitraum passiert hatten.

Zwei Tage später erhielt der Kriminalhauptkommissar eine telefonische Erfolgsmeldung von Schneider. Der Rangierbahnhof, den alle Wagons durchlaufen hatten, befand sich praktisch unmittelbar vor Brettschneiders Tür. Es war der Rangierbahnhof Maschen, der nur wenige Kilometer südöstlich von Hamburg lag.

Für Brettschneider war dies der erste konkrete Hinweis, auf den er seine Ermittlungen stützen konnte.

Nun galt es, die Frage zu klären, von wo aus der Täter die Leichenteile auf die Güterwagons geworfen hatte. Hier konnte Schneider noch einmal behilflich sein. Der einzige Punkt, den alle Wagons mit Sicherheit passiert hatten, waren die Unterführungen unter der A1 und der Landstraße, die von der Bundesstraße 4 bei Sinstorf abbog und nach Over an die Süderelbe führte.

Brettschneider schickte daraufhin die Techniker der Spurensicherung zu diesen Brücken. Trotz der Zeit, die seit den Funden vergangen war, fanden diese an der Bahndammböschung, etwa fünfzig Meter von der Landstraßenbrücke entfernt, zwei kleine Plastikfetzen, die sich im Gebüsch verfangen hatten. Die spätere Laboruntersuchung ergab, dass diese Fetzen aus dem gleichen Material bestanden wie die Säcke, in denen man die Leichenteile verpackt hatte. Zudem passten ihre Risskanten haargenau zu jenen Säcken, in denen der linke Unterschenkel und der rechte Arm aufgefunden worden waren.

Brettschneider vermutete, dass die Säcke beim Aufprall auf die Güterwagen aufgerissen und die abgerissenen Stücke vom Fahrtwind in die Büsche geweht worden waren, wo sie sich verfangen hatten. Damit stand für ihn fest, dass die Leichenteile von der Landstraßenbrücke aus auf die Züge geworfen worden waren.

Entsprechend beauftragte er mehrere Beamte, Ermittlungen in Meckelfeld, dem der Brücke am nächsten gelegene Ort, durchzuführen. Sie befragten Anwohner, Tankstellenbesitzer und Geschäftsinhaber, ob sie im fraglichen Zeitraum jemanden gesehen hatten, der etwas von der Brücke auf die Gleise geworfen oder sich auffällig lange dort aufgehalten hatte. Waren parkende Autos auf der Brücke gesehen worden oder hatte man jemanden bemerkt, der schwarze Plastiksäcke transportiert hatte? Die Befragungen waren mühsam und langwierig. Und leider brachten sie die Ermittlungen nicht weiter: Niemand hatte etwas bemerkt.

Eine weitere Gruppe der Mordkommission versuchte unterdessen, den Toten zu identifizieren. Die anfänglich vorgenommene Klassifizierung als Südeuropäer wurde dafür so weit wie nötig ausgedehnt. Das heißt, der Tote wurde allgemein als dunkelhäutig eingestuft, konnte also ebenso Italiener oder Spanier wie Türke, Araber oder Südamerikaner gewesen sein. Die Ermittlungen der Beamten führten ausgehend von der Landstraßenbrücke durch alle besiedelten Bereiche in Richtung Harburg. Man fragte zunächst vorrangig in Geschäften, Restaurants und Cafés, die von Ausländern oder Deutschen ausländischer Abstammung geführt wurden, nach einem etwa 40-jährigen Mann südländischen Typs, der seit zwei bis drei Monaten vermisst oder nicht mehr gesehen worden war. Systematisch wurde Ortsteil für Ortsteil abgesucht.

Nach drei Tagen stießen die Ermittler zum ersten Mal auf eine vielversprechende Spur. Ein marokkanischer Gemüsehändler teilte ihnen mit, dass er einen Mann namens Yussuf Almaidi schon seit längerer Zeit nicht mehr gesehen habe. Seit wann genau konnte er nicht sagen, und auch die Adresse des Mannes war ihm nicht bekannt. Dafür wusste er jedoch, dass Almaidi in seiner Heimat Schlachter gewesen war und die arabische Gemeinde in Harburg mit Hammelfleisch versorgte, das nach islamischem Ritual geschlachtet worden war.

Dass der Gemüsehändler den Beamten bezüglich der Adresse Almaidis nicht helfen konnte, erwies sich als nicht weiter problematisch. Sie war über das Einwohnermeldeamt von Harburg schnell ermittelt. Zusammen mit einer Kriminalbeamtin suchte Brettschneider die in einem der ärmeren Stadtviertel gelegene Adresse auf. Die dortigen Häuser machten einen wenig gepflegten Eindruck. Im Erdgeschoss eines vierstöckigen Wohnblocks waren zwei Almaidis gemeldet. Ihre Wohnungen lagen einander gegenüber. Die Wohnung des Gesuchten lag auf der linken Seite. Die Beamten klingelten, aber niemand öffnete. Nachdem sie es dreimal versucht hatten, klingelten sie bei der gegenüberliegenden Wohnung. Eine nach islamischer Sitte mit einem Kopftuch bekleidete Frau öffnete die Tür. Die Beamten wiesen sich aus und erkundigten sich nach Yussuf Almaidi. In gebrochenem, aber verständlichem Deutsch erklärte die Frau, dass dieser zu seinen Eltern nach Marokko gereist sei und erst in ein paar Monaten zurückerwartet werde. Auf die Frage, ob sie mit Almaidi verwandt sei, gab sie an, dass er der Bruder ihres Mannes sei. Auch die weiteren Fragen der Beamten beantwortete sie bereitwillig. So erklärte sie etwa, dass Almaidi ledig war und sein Geld damit verdiene, die islamische Gemeinde mit dem Fleisch geschächteter Tiere zu versorgen. Sie selbst lebe zurzeit allein mit ihrer Tochter in der ehelichen Wohnung. Ihr Mann sei Matrose und komme erst im Oktober nach Harburg zurück.

Frau Almaidi öffnete den Beamten bereitwillig die Wohnung ihres Schwagers, weigerte sich aber, sie in ihre eigene Wohnung einzulassen. Sie sei verheiratet, könne einem Fremden ohne Anwesenheit ihres Mannes keinen Zutritt gewähren.

Almaidis Wohnung entpuppte sich als typische Junggesellenbehausung. Aufräumen und Saubermachen schienen nicht seine Stärke zu sein. Brettschneider fiel es dementsprechend leicht, ein paar Haare und ein Glas mit einem deutlichen Lippenabdruck sicherzustellen, um dies Dr. Vierpfennig für eine DNA-Analyse zu übergeben.

Die Analyse ergab, dass die DNA übereinstimmte. Damit war der Tote identifiziert und Brettschneider erhielt umgehend einen Durchsuchungsbefehl für Almaidis Wohnung. Doch obwohl die Techniker der Spurensicherung sie förmlich auf den Kopf stellten, konnten keine verwertbaren Spuren gefunden werden.

Die weitere Suche konzentrierte sich daher auf den Keller, in dem Almaidi geschlachtet hatte. Der Raum war relativ klein – er maß etwa zwei mal drei Meter – und wirkte im Gegensatz zur Wohnung klinisch rein. Wände und Boden waren gekachelt und schienen frisch geputzt. Ein hölzerner Arbeitstisch war säuberlich geschrubbt und mit Salz bestreut worden. Die Schlachtwerkzeuge lagen sauber und ordentlich ausgerichtet darauf. Selbst die Deckenhaken, die zum Aufhängen der Tierkadaver dienten, hatte man abgewaschen. In einer Ecke des Raums stand eine Tiefkühltruhe. Sie war leer und ebenfalls gereinigt worden. Trotz der extremen Sauberkeit fanden sich Haare und mit dem bloßen Auge nicht erkennbare Blutflecken auf dem Boden. Weitere Spuren fanden sich im Bodenabfluss. Dieser war zwar oberflächlich gereinigt worden, doch als die Spurensicherung den Deckel abschraubte und das Wasser im Überlauf absaugte, fand sie dort Haare, Knochensplitter und Fleischreste. Alles wurde sichergestellt und ins Labor gebracht.

Das labortechnische Untersuchungsergebnis bedeutete für Kriminalhauptkommissar Brettschneider den Durchbruch. Neben zahlreichen Tierhaaren und -knochen fanden sich unter den sichergestellten Spuren auch menschliche Haare. Wie die gentechnische Untersuchung zweifelsfrei feststellte, stammten sie, ebenso wie einige Knochensplitter und Fleischpartikel, teilweise vom Opfer. Einige Haare aus dem Abfluss und die restlichen, die im

Kellerraum gefunden worden waren, stammten jedoch von anderen Personen. Aber – und das war das Wesentliche – sie stimmten auch mit der DNA jener Haare überein, die Dr. Vierpfennig auf der Brust des Leichnams gefunden hatte.

Für Kriminalhauptkommissar Brettschneider waren Frau Almaidi und ihre Tochter die Hauptverdächtigen. Zwar hatte er keinen direkten Hinweis, der die Frauen mit der Ermordung Almaidis in Verbindung brachte, aber sie besaßen einen Schlüssel zum Keller und die begangene Tat setzte voraus, dass der Täter ungehinderten Zugang zum Schlachtkeller hatte und wusste, dass er dort ungestört arbeiten konnte.

Frau Almaidi und ihre Tochter wurden zur Vernehmung ins Polizeipräsidium gebracht. Von beiden Frauen wurde eine Speichelprobe entnommen und die DNA der Probe mit jener der im Kellerraum gefundenen Haare verglichen. Sie stimmten sowohl mit Haaren aus dem Abfluss als auch mit den gekreuzten Haaren auf dem Torso überein. Für Brettschneider war damit erwiesen, dass Frau Almaidi und ihre Tochter am Tatort gewesen und mit der Leiche in Kontakt gekommen waren, anders waren ihre Haare auf dem Torso nicht zu erklären.

Als sie mit diesen Beweisen konfrontiert wurde, gestand Frau Almaidi die Tat sofort. Sie wirkte gefasst und zeigte keinerlei Schuldgefühle. Bei der Vernehmung verzichtete sie auf einen Verteidiger und erklärte Brettschneider mit ruhiger Stimme, dass sie nicht anders hätte handeln können. Ihre Tat sei eine Frage der Ehre gewesen. Yussuf Almaidi sei ein grober, jähzorniger Mann ohne Charakter gewesen. Wann immer ihr Mann auf See war, sei er zu ihr gekommen und habe sich an ihr vergangen. Ihrem Mann habe sie nie etwas davon erzählt. Als sie am 30. Mai vom

Einkaufen nach Hause gekommen war, traf sie Almaidi erneut in ihrer Wohnung an. Ihre 16-jährige Tochter lag mit zerrissenen Kleidern auf dem Boden und weinte, während sich Almaidi an ihr verging. Er ließ sich durch die Ankunft der Mutter nicht stören und lachte nur über ihre Klagen. Daraufhin habe Frau Almaidi das Fleischmesser vom Küchentisch genommen und es ihrem Schwager in den Rücken gerammt. Da er nicht sofort tot gewesen sei, habe sie ihm das Messer, als er sich aufrichtete, noch einmal in den Bauch gestoßen. Den Leichnam habe sie mit ihrer Tochter in den Schlachtkeller geschleppt und dann ihre Tochter zum Saubermachen in die Wohnung geschickt. Anschließend habe sie Almaidi ausbluten lassen und zerlegt. Das Blut habe sie in einem Eimer aufgefangen und zusammen mit den Innereien, dem Kopf, den Händen und Füßen in einen Kanal geschüttet. Almaidis Penis habe sie abgetrennt, um sich für die Schandtaten des Schwagers zu rächen. Sie habe ihn zerteilt und den Hunden aus der Nachbarschaft zum Fraß vorgeworfen. Die Körperteile habe sie in Plastiksäcke gepackt und in die Kühltruhe gelegt, um sie später an verschiedenen Tagen bei der Bahnüberführung auf die vorbeifahrenden Züge zu werfen. Die Zeitungen habe sie nur gekauft, um die Leichenteile darin einzuwickeln, damit, wenn sie sie zur Bahnüberführung trug, niemand erkennen konnte, was sie transportierte. Sie hätte nie gedacht, dass man sie überführen könnte, aber ihre Tat bereue sie nicht. Ihr Schwager habe ihre Tochter entehrt. Sie selbst habe nur die Familienehre wiederhergestellt.

Frau Almaidi nahm die gesamte Schuld auf sich. Ihre Tochter sprach sie von jeder Mittäterschaft frei. Nach diesem Geständnis machte sie keine weiteren Aussagen, weder ihrem Verteidiger gegenüber noch während der Gerichtsverhandlung.

Ihr Urteil nahm Frau Almaidi gefasst entgegen und sie verzog auch keine Miene, als der Richter bei der Urteilsbegründung erläuterte, warum sie mit einer verhältnismäßig geringen Strafe davonkam.

Der Fall O. J. Simpson – Freispruch trotz belastender DNA-Analysen

Kein Kriminalfall der 1990er-Jahre hat die Gemüter so erregt wie der des amerikanischen Footballspielers O. J. Simpson: 2000 Reporter waren bei den Verhandlungen vor Ort, 19 Fernsehstationen berichteten live über das Ereignis und 80 Bücher wurden über den Fall geschrieben. In den USA nahm das öffentliche Interesse sogar derartige Ausmaße an, dass der berühmte CNN-Moderator Larry King eines Tages spöttelte: Wenn wir mit Gott einen Termin hätten und O. J. Simpson wäre verfügbar, würden wir den Termin mit Gott verschieben.

Man kann über solche Medienspektakel urteilen wie man will, eins ist jedoch sicher: Der Fall des O. J. Simpson machte eine breite Öffentlichkeit zum ersten Mal mit den Möglichkeiten der DNA-Analyse als Methode zur Lösung von Kriminalfällen vertraut.

Der Angeklagte

Orenthal James Simpson wurde 1947 in der Nähe von San Francisco geboren. Als 13-Jähriger gehörte er einer Straßengang an, die sich Persian Warriors nannte. Mit 15 verbrachte er einige Zeit im San Francisco Youth Guidance Center, einer Besserungsanstalt für Jugendliche. Als er 18 war, heiratete Simpson seine Mitschülerin Marguerite White, die ihm 1968 einen Sohn und 1970 eine Tochter gebar. Während seiner High-School-Zeit entdeckte Simpson seine Begabung für den American Football. Er gewann die begehrte Heismann-Trophäe und wurde Berufsfootballspieler. Berühmt wurde er mit den Buffalo Bills. 1979 beendete Simpson seine Profikarriere. Seine Berühmtheit ermöglichte ihm, anschließend in verschiedenen Filmen und TV-Serien als Schauspieler mitzuwirken. 1985 ließ sich Simpson von Marguerite scheiden, um die Frau zu heiraten, mit der er damals bereits eine langjährige Affäre hatte: Nicole Brown, eines der beiden Mordopfer.

Das erste Opfer

Nicole Brown wurde 1959 in Frankfurt geboren. Die hoch gewachsene, schlanke und äußerst attraktive Blondine war den Aussagen einer Bekannten zufolge einfach veranlagt. Sie besaß keine besonderen Talente, war relativ unselbstständig und hatte keine berufliche Ausbildung genossen. Bei ihrer ersten Begegnung mit Simpson war sie 18 Jahre alt. Sie arbeitete zu diesem Zeitpunkt als Bedienung in einem Nachtclub in Beverly Hills, genannt The Daisy. Am 2. Februar 1985 heiratete sie Simpson und zog mit ihm in sein Haus in der Rockingham Avenue in Brentwood. Während ihrer gesamten Ehejahre hatte Brown unter den Gewalttätigkeiten ihres Mannes zu leiden. Bereits 1985, als sie mit ihrem ersten Kind schwanger war, forderte sie polizeiliche Unterstützung an, als Simpson mit einem Baseballschläger auf ihren Wagen einschlug. 1989 rief sie die Polizei erneut zur Hilfe, weil Simpson die Terrassentür ihres gemeinsamen Hauses eingetreten hatte und wütend auf sie einschrie. Obwohl sie keine Anklage gegen ihren Mann erhob, fürchtete sie, wie sie der Polizei später erklärte, damals um ihr Leben. 1992 trennte Brown sich von Simpson und reichte die Scheidung ein. Zwar wurde der Scheidungsgrund nie eindeutig definiert, doch man geht davon aus, dass Brown sich vor der Brutalität ihres Mannes gefürchtet hat. In Anbetracht von 62 gewalttätigen Handlungen, in die Simpson im Zeitraum von 1977 bis 1995 erwiesenermaßen verwickelt war, ist die Wahrscheinlichkeit, dass dies zutrifft, durchaus hoch. Obwohl Simpson selbst viele Affären hatte, soll er seiner Frau zudem gesagt haben: »Wenn ich dich jemals mit einem anderen Mann sehe, bringe ich dich um.« Kurze Zeit später war Nicole Brown tot.

Das zweite Opfer

Ronald Goldman wurde 1968 in Chicago geboren. Als 19-Jähriger zog er mit seiner Familie nach Los Angeles. Das südkalifornische Flair ließ ihn aufblühen. Von einem eher schüchternen Burschen entwickelte er sich in seiner neuen Heimat rasch zu einem extrovertierten Mann. Er spielte Tennis, surfte, liebte Basketball und Football. Seine Freunde bewunderten ihn besonders wegen seiner liebenswürdigen, hilfsbereiten und zielstrebigen Art. Mit 20 zog er aus seinem Elternhaus aus. Seinen Lebensunterhalt verdiente er zu dieser Zeit als Kellner im Nachtclub The Daisy, wo er auch Nicole Brown kennen lernte. Zwischen den beiden entwickelte sich eine enge Freundschaft, jedoch keine sexuelle Beziehung.

Im Fall O. J. Simpson hat es viele, oftmals sehr widersprüchliche Zeugenaussagen gegeben. Für die Polizei war es daher äußerst mühselig, den tatsächlichen Tathergang nachzuvollziehen. Die folgende Darstellung weicht von einigen Zeugenaussagen ab, stellt das Geschehen aber so dar, wie es später von der Polizei rekonstruiert wurde.

Die letzten Stunden vor dem Mord

Am frühen Nachmittag des 12. Juni 1994, um 14.30 Uhr, sprach O. J. Simpson mit Brian Kaelin, einem Freund Nicole Browns, der in einem Gästehaus wohnte, das auf Simpsons Grundstück lag. Während der Unterhaltung erwähnte Simpson, dass er nicht mehr mit Nicole zusammen sei (was vorher wohl gelegentlich noch der Fall gewesen war).

Am späteren Nachmittag besuchte Nicole Brown eine Tanzveranstaltung an der Paul Revere Junior High School, an der ihre Tochter teilnahm. Simpson war ebenfalls anwesend. Um 18 Uhr verließen sowohl Brown als auch Simpson die Schule getrennt. Eine halbe Stunde später aß Brown zusammen mit neun Bekannten in einem Restaurant namens Mezzaluna in Brentwood zu Abend. Das Mezzaluna lag nur wenige Blocks von Browns Apartment entfernt.

Zwischen 18.30 Uhr und 19.00 Uhr traf Kaelin Simpson auf dessen Grundstück ein und sprach kurz mit ihm.

Um 20.30 Uhr verließen Brown und ihre Bekannten das Mezzaluna. Zusammen mit ihrer Tochter und einem anderen Mädchen ging Brown anschließend in ein Eiscafé auf der gegenüberliegenden Straßenseite.

Um 21.10 Uhr fuhren Kaelin und Simpson zu McDonalds.

Zwischen 21.22 Uhr und 21.25 Uhr passierten Kaelin und Simpson die Drive-In-Spur des McDonald-Restaurants.

Gegen 21.30 Uhr wurde Brown von ihrer Mutter angerufen, die ihr erklärte, dass sie im Mezzaluna ihre Brille vergessen habe. Brown rief daraufhin im Restaurant an und sprach mit Roland Goldman. Dieser fand die Brille und versprach, sie nach der Arbeit bei Brown vorbeizubringen.

Dieses Telefonat sollte das letzte Lebenszeichen von Brown gewesen sein.

Zwischen 21.40 Uhr und 21.45 Uhr kehrten Kaelin und Simpson von ihrem McDonalds-Ausflug zurück. Kaelin hatte den Eindruck, dass Simpson müde sei. Daher wünschte er ihm eine gute Nacht. Die beiden Männer trennten sich und gingen jeder in sein eigenes Haus.

Um 21.50 verließ Goldman das Mezzaluna. Er fuhr zunächst nach Hause, um sich umzuziehen. Dann machte er sich auf zu Brown, um ihr wie versprochen die vergessene Brille vorbeizubringen. Das Auto stellte er in einer Seitenstraße in der Nähe von Browns Wohnung ab. Wie lange er danach noch lebte, ist unklar.

Die Entdeckung der Tat und der Beginn der Ermittlungen

Um 22.15 Uhr fühlte sich einer von Browns Nachbarn durch lautes, nicht enden wollendes Hundegebell gestört. Er ging dem Gebell nach und entdeckte eine große Blutlache in der Auffahrt zu Browns Haus. Seine Frau alarmierte daraufhin die Polizei.

Um 22.25 Uhr erschienen die Polizeibeamten. Doch die eigentlichen Ermittlungen verzögerten sich, so dass Simpson genügend Zeit hatte, noch am selben Abend nach Chicago zu fliegen.

Erst etwa eineinhalb Stunden später, um 00.10 Uhr am Montag, den 13. Juni 1994, wurden die Opfer entdeckt. Die Leichen schwammen in einer riesigen Blutlache.

Um 04.30 Uhr fuhr die Polizei zu Simpson, um ihn vom Tod seiner Ex-Frau zu unterrichten. Dabei entdeckten die

Beamten Blutspuren an Simpsons Auto und auf dem Weg zu seinem Haus. Eine genauere Untersuchung dieser Spuren ergab, dass sie von einer linken Hand stammen mussten. Nach seiner Festnahme gab Simpson an, dass die Blutspuren von einer Verletzung seiner linken Hand herrühren müssten. Er zeigte diese den Ermittlern auch bereitwillig, und sie wies tatsächlich eine frische Wunde auf. Gerade diese Übereinstimmung förderte jedoch auch den Verdacht der Beamten, dass Simpson seine ehemalige Frau und deren Freund Goldman ermordet hätte.

Neben den Blutspuren wurde auf Simpsons Grundstück ein schwarzer Lederhandschuh gefunden, der Faserspuren aufwies, von denen sich bei späteren Untersuchungen herausstellte, dass sie von Goldmans Jeans stammten. Ein zweiter dazu passender Lederhandschuh wurde an anderer Stelle auf dem Grundstück entdeckt. Auch an ihm waren deutliche Blutspuren zu erkennen.

Der Taxifahrer, der Simpson am Vorabend zum Flughafen gefahren hatte – was etwa um 23.15 geschehen war – sagte aus, dass er in der Nähe der Anfahrt vor Simpsons Anwesen gesehen hatte, wie ein dunkelhäutiger Mann in dessen Haus gelaufen war.

Ein weiteres Indiz für Simpsons Täterschaft sahen die Ermittler darin, dass Simpson zusammen mit seinem Freund Al Cowlings floh, als er erfuhr, dass er verhaftet werden sollte. Er hinterließ dabei eine Notiz, aus der hervorging, dass er sich umbringen wollte. Erst Simpsons Rechtsanwälten gelang es, ihren Mandanten davon zu überzeugen, sich freiwillig bei der Polizei zu melden.

Nach der Verhaftung fand die Polizei einen Reisepass, einen falschen Bart und tausende von Dollars in Simpsons Besitz.

Der DNA-Krieg – Anklage gegen Verteidigung

Für erste Untersuchungen wurden Proben der Blutspuren von Simpsons Auto, den auf dem Anwesen gefundenen Handschuhen und den Spuren, die vom Auto zum Haus führten, genommen und zu einer DNA-Analyse ins Labor geschickt.

Die Abkürzung DNA steht für desoxyribonucleic acid, zu Deutsch Desoxyribonukleinsäure. Diese Substanz, die sich im Kern einer jeden menschlichen Zelle befindet, ist wie eine spiralartig gewundene Leiter geformt. Die Stufen dieser Leiter bestehen aus unterschiedlichen Paaren der vier Nukleinsäuren Adenin, Thymin, Guanin und Cytosin. Innerhalb der einzelnen Zellen ist die Leiter eng zusammengerollt. Wird sie auseinander gezogen, ist sie etwa 1,80 Meter lang.

Die individuelle Zusammensetzung unserer Nukleinsäurepaare, die von unseren Eltern auf uns vererbt werden, bestimmt die Funktionsweise unseres Körpers und unseres äußeren Erscheinungsbilds. Dabei werden die besonderen Unterscheidungsmerkmale zwischen den Menschen jedoch nur von einem Prozent der Säurepaare im DNA-Strang bestimmt; die restliche DNA ist bei allen Menschen gleich. Daher ist für die forensische DNA-Analyse nur ein einziges Prozent des DNA-Strangs von Belang.

Die DNA-Analyse, bei der ein DNA-Profil erstellt wird, auf dessen Grundlage eine genetische Identifikation erfolgen kann, war zum Zeitpunkt des Mordes an Nicole Brown und Roland Goldman noch eine relativ junge Methode im Bereich der Forensik. Da sie erst seit den späten 1980er-Jahren zur Spurenanalyse eingesetzt wurde, kämpfte sie vielerorts noch um juristische Anerkennung. Besonders deutsche Gerichte taten sich anfangs schwer, sie als Beweismittel zu akzeptieren.

Der früher häufig verwendete Begriff DNA-Fingerabdruck ist insofern falsch, als dass er die DNA-Analyse mit dem Fingerabdruckverfahren vergleicht. Im Gegensatz zu Fingerabdrücken, die sich noch zwischen eineiigen Zwillingen unterscheiden können, ist die DNA-Analyse kein hundertprozentiger Garant für eine eindeutige Identifikation. Die Möglichkeit, auf zwei Menschen zu treffen, die dasselbe DNA-Muster aufweisen, liegt jedoch heute bereits bei über 1:1 000 000 000.

Eine DNA-Analyse kann auf zwei Wegen erfolgen, zum einem mit der RFLP-Methode (Restriction Fragment Length Polymorphisms Method), zum anderen mit der PCR-Methode (Polymerase Chain Reaction Method). Die mit der RFLP-Methode erstellten Analysen sind genauer, doch die Analysten benötigen viel genetisches Material, um ihre Tests auf der Grundlage dieser Methode durchführen zu können, z. B. einen Samenfleck von der Größe eines Fingernagels. Die PCR-Methode ist zwar etwas ungenauer, stellt jedoch einen Durchbruch in der DNA-Forschung dar, denn sie kommt mit winzigen Probenteilchen aus. Das liegt daran, dass hierbei zunächst die vorhandenen DNA-Strukturen vervielfältigt werden, bevor man sie analysiert.

Bei beiden Analysemethoden wird zunächst alles überflüssige Zellmaterial entfernt, um die DNA zu isolieren. Anschließend werden die vorliegenden DNA-Proben auf Übereinstimmungen hin untersucht. Hat man solche Übereinstimmungen gefunden, kann man sicher sein, dass die vorliegenden Proben von derselben Person stammen.

Bei aller DNA-Euphorie darf nicht übersehen werden, dass die Analyse allein keinen Täter überführt. Sie kann – mit gewissen Einschränkungen – nur den Beweis liefern, dass sich eine bestimmte Person an einem bestimmten Ort aufgehalten hat. Wann das war, ob vor, nach oder während der Tat, kann mithilfe der Analyse nicht festgestellt werden. Diese Frage muss mit anderen kriminalistischen Methoden beantwortet werden.

Im Simpson-Fall hat es von Seiten der Ermittler her viele Versäumnisse gegeben, was der Verteidigung später etliche Argumente lieferte, die Anklage zu torpedieren. Bei der Tatortbegehung etwa verhielten sich die Beamten äußerst unachtsam. Sie traten und fassten in Blutlachen oder andere Spuren, die daraufhin an ihren Schuhen, ihrer Kleidung oder ihren Händen haften blieben. Auf diese Weise konnten die Spuren unbeabsichtigt an andere Orte gelangen. So war es später unmöglich mit Sicherheit zu behaupten, irgendwelche Spuren seien definitiv an diesem oder jenem Ort vom Täter verursacht worden. Zudem bewegten sich die Beamten, die den Tatort sicherten, unkontrolliert zwischen den beiden Opfern hin und her, so dass sich Blutspuren von Brown später beispielsweise bei Goldman wiederfanden und umgekehrt. Ob bereits der Täter dieses Chaos verursacht hatte oder erst die Ermittlungsbeamten, konnte später nicht mehr geklärt werden. Schließlich untersuchten die Ermittler den Tatort und die umliegenden Bereiche auch noch ohne Schutzkleidung. Dadurch legten sie, wenngleich ungewollt, viele Spuren, die mit der Tat überhaupt nichts zu tun hatten und die das ursprüngliche Bild des Geschehens verfälschten. Die Position der Anklagevertretung wurde auf diese Weise später natürlich deutlich geschwächt.

Nach der ersten Inspizierung des Tatorts kam es zu weiteren Ermittlungsfehlern. Zum einen wurde der zuständige Rechtsmediziner erst zu einem sehr späten Zeitpunkt gerufen. Zum anderen nahm er, als der dann endlich vor Ort war, abgesehen von der ersten Begutachtung der Leichen keine weiteren Untersuchungen vor. Er hätte aber dringend auch das Umfeld des Tatorts überprüfen müssen, etwa das Badezimmer der Toten, um dort nach Medikamenten zu suchen, die möglicherweise zur Tragödie beigetragen haben. Und auch die Eiscreme, die auf einem Teller in der Wohnung der Toten stand, wurde zum Zeitpunkt ihrer Entdeckung nicht fotografiert. Für den Arzt hätte dies bei der Untersuchung des Mageninhaltes ein Indiz sein können, wie lange die Frau schon tot gewesen sein musste.

Die Proben von den Blutspuren an Simpsons Auto, von den auf seinem Anwesen gefundenen Handschuhen und von anderen Blutspuren auf dem Gelände wurden ebenfalls erst nach Stunden sichergestellt und zur gentechnischen Untersuchung ins Labor geschickt. Durch die Verzögerung konnte die Anklage später nicht mehr mit hundertprozentiger Sicherheit beweisen, dass die Spuren vom Täter verursacht worden waren. Die Behauptung der Verteidigung, eine andere Person hätte die Spuren später dorthin getragen, konnte sie nicht widerlegen.

Bei der von Experten durchgeführten DNA-Analyse ergab sich folgendes Bild:

Auf dem Gehweg von Browns Grundstück waren Blutspuren sichergestellt worden, die sowohl mit der PCR- als auch mit der RFLP-Methode untersucht wurden. Die PCR-Analyse ergab, dass das Blut mit einer Sicherheit von 1 : 240 000 von Simpson stammte. Bei der Untersuchung nach dem RFLP-Verfahren stieg dieser Faktor sogar auf eine Höhe von 1 : 170 000 000 an.

Die auf Simpsons Grundstück sichergestellten Blutspuren stammten ebenfalls von Simpson.

Darüber hinaus wurden Blutspuren von Simpsons Socken sichergestellt, die in seinem Schlafzimmer gefunden worden waren. Sie stammten mit einem Sicherheitsfaktor von 1:21 Milliarden von Nicole Brown.

Das Blut auf dem in der Nähe von Simpsons Gartenzaun entdeckten Handschuh stammte mit einer Wahrscheinlichkeit von 1 : 41 Milliarden von Ronald Goldman.

Die Schlinge, die sich aufgrund dieser Analysen um Simpsons Hals gelegt hatte, war fast zugezogen. Dass er am Ende doch noch seinen Kopf retten konnte, hatte er zwei Faktoren zu verdanken. Zum einen den schlampigen Ermittlungsmethoden der Polizei vor Ort und zum anderen seiner Verteidigung, die die Schwächen des amerikanischen Rechtssystems geschickt auszunutzen verstand.

Ursprünglich hatten die Verteidiger wohl beabsichtigt, die Beweiskraft der DNA-Analysen in Frage zu stellen. Als ihnen die Stichhaltigkeit der Analysen bewusst wurde, ließen sie diesen Ansatz jedoch fallen. Stattdessen versuchten sie, die fachliche Kompetenz der ermittelnden Beamten zu hinterfragen, was ihnen aufgrund der oben beschriebenen Umstände auch hervorragend gelang. Außerdem stellten die Verteidiger die Herkunft der untersuchten Spuren in Zweifel. Dies gelang ihnen so gekonnt, dass am Ende der Verhandlung kein Geschworener mehr wusste, was Fakt und was Vermutung war. Bei der Bewertung der Ergebnisse der DNA-Analysen erzielten die Verteidiger einen ähnlichen Effekt. Sie verlagerten die Diskussion im Kreuzverhör so auf technische Details, dass die Geschworenen dem Gesagten nicht mehr folgen konnten. Mehrere Prozessbeobachter bezeichneten sie als eindeutig überfordert und ermüdet. Ein weiterer Pluspunkt für die Verteidigung war, dass einzelne Geschworene dem psychischen Stress der Verhandlung nicht standhielten und ausgetauscht werden mussten. Den Ersatzmännern und -frauen fehlten natürlich die nötigen Detailkenntnisse.

Dies alles hatte zur Folge, dass O. J. Simpson vom Vorwurf des Mordes an seiner ehemaligen Frau Nicole Brown und ihrem Freund Ronald Goldman freigesprochen wurde. Amerikanischem Recht zufolge kann er für diese Tat nun auch nie mehr strafrechtlich belangt werden.

Ein Hauch von Gerechtigkeit

Ein Jahr nach dem umstrittenen Urteil wurde ein zweiter Prozess gegen Simpson angestrengt. Diesmal war es ein Zivilprozess, der nicht auf der Grundlage des Strafrechts, sondern nach den Gesetzen des Zivilrechts durchgeführt wurde. Die Kläger waren Louis und Juditha Brown, die Eltern der ermordeten Nicole. Bei diesem Prozess sollte festgestellt werden, ob den Eltern durch das Handeln des Angeklagten Schaden entstanden sei, der von diesen zu kompensieren war. Um die Frage klären zu können, musste zunächst festgestellt werden, ob Simpson am Tod von Nicole Brown und Ronald Goldman schuldig war.

Nach sechstägiger Beratung kam das Gericht am 4. Februar 1997 zu dem Urteil, dass Simpson des Mordes an Nicole Brown und Ronald Goldman schuldig sei. Browns Kinder bekamen daraufhin 25 Millionen Dollar Schmerzensgeld zugesprochen. Diese Summe mussten sie mit den Eltern von Ronald Goldman teilen. Diesen wurde überdies eine Summe von 8,5 Millionen Dollar für die, wie es hieß, verloren gegangene Liebe, Gesellschaft und moralische Unterstützung ihres Sohnes zugesprochen.

Von dem Geld sahen die Nutznießer jedoch keinen Cent. Nach Auskunft von Simpsons Rechtsanwälten war ihr Mandant bankrott. Dass dieser an seinem neuen Wohnsitz in Florida ein 1,5 Millionen Dollar teures Haus bezogen hatte und von einer monatlichen Pension in Höhe von 20 000 Dollar lebte, die er sich während seiner Footballkarriere erworben hatte, schien sie dabei nicht zu stören.

Versuche der Eltern von Goldman und Brown, das ihnen zugesprochene Geld per Gerichtsbeschluss einzuklagen, scheiterten an dem besonderen Zivilrecht in Florida.

Justizirrtum – Die Folgen einer nachlässigen DNA-Analyse

In dem kleinen, verschlafenen Nest Springborough in West Virginia, USA leben etwa 5000 Menschen. Der Ort liegt eingebettet in eine sanfte Hügellandschaft, die größtenteils als Farmland genutzt wird. In den Wäldern, die sich daran anschließen, wird zudem in kleinerem Umfang Holzwirtschaft betrieben. Vom Stadtbild her gleicht Springborough einer typisch amerikanischen Kleinstadt: Den Ort durchzieht eine breite Durchgangsstraße, die zu beiden Seiten von Geschäften gesäumt wird, darunter zwei Schönheitssalons, drei Billardcafés und ein Coffeeshop. Dort werden von 5 bis 23 Uhr kleine Snacks serviert und für 80 Cent ist so viel Kaffee erhältlich, wie man trinken kann. In der Ortsmitte kreuzt die Hauptstraße eine ebenso breite Querstraße. An dieser Stelle steht die einzige Ampel des Orts. In allen anderen Straßen wird der Verkehr mühelos mithilfe von Stopp- oder Vorfahrtsschildern reguliert. In der Querstraße finden sich neben weiteren kleinen Geschäften ein Fordhändler, ein Gebrauchtwagengeschäft und eine Landmaschinen-Reparaturwerkstatt. Am östlichen Ende gibt es zudem einen größeren Schuppen, in dem der Star-Club untergebracht ist, der mittwochs, freitags und sonnabends Tanz für alle Generationen anbietet. Für die Musik sorgen unterschiedliche Bands aus der Umgebung. Im Westen von Springborough befinden sich drei Kirchen, die das gesellschaftliche Leben der Stadt bestimmen, sowie ein Sheriffbüro, das in der Hauptsache Verkehrsunfälle und die ein oder andere Schlägerei im Star-Club bearbeitet. Die einzigen Insassen der drei vergitterten Zellen im hinteren Bereich des Büros waren bislang Betrunkene, die ihren Rausch ausschliefen. Besonders stolz sind die Einwohner von Springborough auf die moderne Shoppingmall am Südende der Stadt, die mehrere kleine Geschäfte, ein großes Kaufhaus und das beste Restaurant der Umgebung beherbergt.

Dieser kleine, verschlafene Ort sollte nun am 17. Oktober 1988 brutal aus seinen kleinstädtischen Träumen gerissen werden. Innerhalb von zwei Wochen wurde er zum Tatort für zwei abscheuliche Verbrechen. Ihre Opfer waren Diane Williams und Monika Stanley.

Diane Williams war eine lebenslustige Frau von 29 Jahren. Die hoch gewachsene, schlanke und gut gebaute Blondine war in Springborough geboren und groß geworden. Sie war dort zur Schule gegangen und hatte auch ihren Abschluss dort gemacht. Seitdem arbeitete sie bei ihren Eltern im Coffeeshop. In ihrer Freizeit trieb Williams gerne Sport, unter anderem ging sie regelmäßig in ein Bodybuildingstudio. Sie gehörte auch zu den üblichen Besuchern des Star-Clubs, kannte nahezu jeden Gast und war mit allen Musikern befreundet. Trotz ihres fröhlichen und aufgeschlossenen Wesens hatte sie jedoch keinen festen Freund.

Monika Stanley war ebenfalls gebürtig aus Springborough und hatte dort die Schule absolviert. Anschließend war sie jedoch nach Roanoke aufs College gegangen, wo sie Englisch und Biologie studiert hatte. Mittlerweile unterrichtete sie diese Fächer als Lehrerin an der Junior-High-School von Springborough. Außerdem engagierte sie sich in der örtlichen Baptist Church als Jugendgruppenleiterin und Chormitglied. Stanley war ein Jahr jünger als

Williams, hatte brünettes, langes Haar, besaß eine gute Figur, war verheiratet und Mutter einer 3-jährigen Tochter.

Williams' und Stanleys Verhältnis wahr rein nachbarschaftlicher Natur. Sie kannten sich, wie man sich kennt, wenn man in einer Kleinstadt wohnt, dort zusammen aufgewachsen und zur Schule gegangen ist. Die beiden Frauen waren jedoch nicht befreundet und verkehrten in unterschiedlichen Kreisen.

Am 17. Oktober fuhr Williams gegen 20 Uhr zur Shoppingmall, um sich eine neue Garderobe für den nächsten Tanzabend im Star-Club zuzulegen. Da die Mall bis 22 Uhr geöffnet hatte, ließ sie sich bei ihrem Einkauf Zeit. Erst gegen 21.30 Uhr verließ sie das Einkaufsgelände. Draußen war es bereits dunkel geworden und die Parkplatzbeleuchtung brannte. Williams ging zu ihrem Auto, das sie unweit vom Haupteingang der Mall geparkt hatte. Auf dem Parkplatz standen nur noch wenige Fahrzeuge. Als Williams sich bückte, um ihr Auto aufzuschließen, stand plötzlich ein Mann hinter ihr, der ihr einen Revolver in die Seite drückte. Er musste buchstäblich aus dem Nichts aufgetaucht sein, denn als Williams auf ihren Wagen zugegangen war, hatte sie niemanden auf dem Parkplatz bemerkt. Der mit einer Skimaske getarnte Mann hat ihr zischend befohlen, in ihren Wagen zu steigen, und gedroht, sofort zu schießen, wenn sie schreien sollte. Williams musste auf der Beifahrerseite einsteigen und auf den Fahrersitz hinüberklettern. Der Vermummte stieg hinter ihr auf der Beifahrerseite ein und blieb dort sitzen. Anschließend wies er Williams an, nach Norden in Richtung Greenville zu fahren. Als sie ein Waldstück erreichten, befahl er ihr, in den zweiten Forstweg auf der linken Seite einzubiegen. Etwa zwei Minuten später musste Williams anhalten und sich ausziehen. Starr vor Schreck war sie allen

Befehlen des Vermummten gefolgt. Sie hatte sich denken können, was er wollte und hatte nur gebetet, dass er sie danach nicht umbringen würde. Nachdem Williams sich ausgezogen hatte, befahl ihr der Mann, die Augen zu schließen. Sie presste diese daraufhin so fest zusammen, dass sie schmerzten. Anschließend wurde Williams dreimal vergewaltigt. Dann musste sie ihren Wagen verlassen und der Täter fuhr darin davon. Splitternackt war Williams anschließend in Richtung Straße gerannt. Sie hatte weder weinen noch schreien können. Auf halber Strecke zwischen Wald und Straße lag ihr Kleid. Der Täter musste es aus dem Wagen geworfen haben. Sie zog es wieder an und lief weiter. Auf der Straße versuchte sie mehrmals, vorbeifahrende Autos anzuhalten – doch vergeblich. Sie musste drei Stunden lang barfuß über die Landstraße laufen, bevor sie Springborough erreichte.

So bitter es klingen mag: Williams hatte an diesem Abend Glück im Unglück gehabt. Sie war nicht nur dem Tod entronnen, sondern traf im Sheriffbüro auch auf eine Polizeibeamtin, der sie ohne Hemmungen alles erzählen konnte.

Als Journalisten sie später fragten, was sie bewogen habe, auf direktem Weg zur Polizei zu laufen, statt die Vergewaltigung aus Schamgefühl zu verschweigen, antwortete sie, sie wisse es nicht mehr. Wahrscheinlich sei sie jedoch so in Wut gewesen, dass sie an nichts anderes habe denken können als an eine gerechte Strafe für ihren Peiniger.

Nachdem die Dienst habende Beamtin Williams beruhigt und dafür gesorgt hatte, dass sie medizinisch und psychisch versorgt wurde, informierte sie den Sheriff von dem Vorfall.

Bei der daraufhin eingeleiteten Fahndung wurde Williams' Wagen südlich der Stadt auf einem Feldweg gefunden. In der Nähe der Fundstelle entdeckte man zudem verschiedene Wagenspuren, die sofort sichergestellt wurden. Inwieweit die Spuren vom Fahrzeug des Täters stammten, ließ sich nicht sagen. Da es seit längerer Zeit nicht mehr geregnet hatte, konnte man nicht feststellen, welche Spur zu welcher Zeit hinterlassen worden war. Trotzdem wurden alle Spuren mit Gips ausgegossen und sichergestellt.

Der Wagen und das Kleid, das Williams am Tatabend getragen hatte, wurden von Experten des kriminaltechnischen Labors in der nächst gelegenen Großstadt untersucht. Im Wagen und auf dem Kleid wurden neben einigen nicht zuzuordnenden Fingerabdrücken etliche Fremdfasern gefunden. Nach einem aufwendigen Vergleich dieser Fasern mit den Fasern aller Kleidungsstücke aus Williams' Besitz konnten acht Fasern sichergestellt werden, die nicht von Williams stammten. Zwei davon gehörten möglicherweise zu einer Skimaske, wie sie der Täter getragen hatte. Die anderen sechs stammten von einer braunen Jeans.

Der Arzt, der Williams versorgte, hatte bei einem Abstrich Spermaspuren des Täters für eine Blutgruppenbestimmung sichergestellt.

Als den Bürgern von Springborough einen Tag nach der Tat die ersten Gerüchte von der Vergewaltigung zu Ohren kamen, reagierten sie mit Wut und Empörung. Wäre der Täter bekannt gewesen, hätten sie ihn mit Sicherheit auf der Stelle gelyncht. Die Kirchen wiederum riefen zu Gebeten und Mitleid für das Opfer auf. Williams erhielt dadurch so viel Aufmerksamkeit, dass sie die Stadt für einige Tage verließ, um den Sympathiebekundungen zu entfliehen.

Der Druck, den die Presse und die Bürger von Springborough auf die Staatsanwaltschaft ausübten, wurde von Tag zu Tag größer. Die Staatsanwaltschaft gab den Druck an den Sheriff weiter, der an seiner Situation fast verzweifelte, denn es gab nicht die geringste Spur, der er hätte nachgehen können.

Und es sollte noch schlimmer kommen. Am Abend des 29. Oktober 1988 besuchte Monika Stanley die Shoppingmall. Auch sie parkte ihren Wagen in der Nähe des Haupteingangs und kehrte erst nach Einbruch der Dunkelheit auf den Parkplatz zurück. Ihrer Erinnerung nach war es etwa 21 Uhr, als sie von einem maskierten Mann mit einem Revolver bedroht und gezwungen wurde, in ihren Wagen zu steigen. Der Mann nahm auf dem Beifahrersitz Platz und dirigierte Stanley in dasselbe Waldstück, in dem zwölf Tage zuvor Diane Williams vergewaltigt worden war. Dort musste auch Stanley sich ausziehen, und auch sie wurde mehrfach vergewaltigt. Zwar hatte der Maskierte auch ihr befohlen, die Augen zu schließen, während er sich an ihr verging, doch Stanley hatte geblinzelt und gesehen, dass der Täter eine braune Jeanshose trug, auf der ein Riss mit schwarzem Garn geflickt worden war. Der weitere Tatverlauf glich dem im Falle Williams. Auch Stanley wurde im Wald zurückgelassen und fand ihre Oberbekleidung auf dem Weg zur Straße wieder. Büstenhalter und Unterwäsche hatte der Täter mitgenommen.

Nach Springborough zurückgekehrt, überwand auch Stanley ihre Scham und meldete dem Sheriff die Tat.

Stanleys Wagen wurde an derselben Stelle gefunden wie das Auto von Williams. Wieder wurde eine kriminaltechnische Untersuchung vorgenommen. Auch hierbei entdeckten die Techniker Fasern, die nicht zu der Bekleidung des Opfers oder dessen Familie gehörten. Unter anderem stammten sie von einer braunen Jeanshose. Fremde Fingerabdrücke gab es ebenfalls. Als die Techniker die Fingerabdrücke aus Stanleys

Wagen mit jenen verglichen, die bei Williams gefunden worden waren, ergaben sich keine Übereinstimmungen. Man hatte diese aber auch nicht wirklich erwartet, denn beide Frauen hatten zu Protokoll gegeben, dass der Vergewaltiger während der Tat Handschuhe getragen hatte.

Auch von Monika Stanley hatte der Arzt einen Abstrich gemacht, um die Blutgruppe des Täters zu bestimmen. Der Vergleich der beiden Abstriche bewies: Es handelte sich in beiden Fällen um dieselbe Blutgruppe und somit vermutlich um denselben Täter.

Nach dieser zweiten Vergewaltigung herrschte in Springborough ein Ausnahmezustand. Keine Frau traute sich nach Einbruch der Dunkelheit ohne männliche Begleitung auf die Straße und fast alle Männer hatten sich bewaffnet in der Hoffnung, dem Frauenschänder selbst den Garaus zu machen.

Der Druck auf die Staatsanwaltschaft nahm daraufhin so sehr zu, dass man beschloss, das Labor von Malcolm Brown in die Ermittlungen einzuschalten. Brown war in West Virginia zur damaligen Zeit eine Berühmtheit auf dem Gebiet der Forensik. Es hieß, dass er selbst da noch Beweise fände, wo andere versagten. Der Staatsanwaltschaft lieferte er regelmäßig Gutachten, die den spitzfindigen Fragen der Verteidiger standhielten und zu langen Freiheitsstrafen für die Angeklagten führten. Brown war bereits in jungen Jahren in den Polizeidienst eingetreten. Sein Ehrgeiz und seine Leistungen brachten ihm schnell die Ränge eines Corporal, Sergeant und Leutnant ein. Im Anschluss an diese Errungenschaften spezialisierte er sich auf dem Gebiet der forensischen Serologie und wurde Leiter eines forensischen Labors.

Der Sheriff von Springborough hatte inzwischen eine braune Jeans besorgt und sie so präparieren lassen, wie

Monika Stanley es beschrieben hatte. Die Hose wurde fotografiert und ihr Bild in zahlreichen Zeitungen veröffentlicht, im Fernsehen gezeigt und in Geschäften, Tankstellen sowie an Parkplätzen ausgehängt.

Während der nächsten Tage liefen im Sheriffbüro etliche Hinweise aus der Bevölkerung ein. Sie waren alle anonym, denn niemand traute sich, einen Nachbarn oder Bekannten in der Öffentlichkeit zu beschuldigen. Ein unterschwelliges Misstrauen lastete auf der Stadt.

Der Sheriff und seine Beamten gingen jedem Hinweis nach, und wo immer sie erschienen, trafen sie auf empörte Bürger. Schon die Tatsache, dass die Polizei bei jemandem vorsprach, brachte diesen Menschen bei seinen Nachbarn in Verruf. Sechs Tage nach Veröffentlichung des Hosenbildes verhörte die Polizei auch Ken Fairbanks, einen Verkäufer des Autohauses Ford.

Der Sheriff fragte Fairbanks gar nicht erst, ob er eine braune Jeans besäße, sondern forderte ihn kurzerhand auf, ihm seine kaputte Jeans zu zeigen. Fairbanks erklärte sich ohne zu zögern dazu bereit. In Begleitung des Sheriffs fuhr er zu seinem Haus und holte eine braune, zerknüllte Jeans aus der Wäsche. Sie hatte einen Riss, der dem von Stanley beschriebenen entsprechen konnte. Wegen des Verdachts, die beiden Frauen vergewaltigt zu haben, nahm der Sheriff Fairbanks daraufhin unverzüglich fest. Dieser bestritt die Anschuldigung vehement. Da er für die beiden betreffenden Abende kein Alibi vorweisen konnte, nützten ihm seine Beteuerungen jedoch nichts. Unter den Augen seiner Nachbarn wurde er in Handschellen abgeführt.

Die Nachricht von Fairbanks' Verhaftung breitete sich in der Stadt wie ein Lauffeuer aus. Aus Angst, es könnte zu Ausschreitungen kommen, brachte der Sheriff den Verhafteten in die nächst größere Stadt, wo er in Einzelhaft genommen wurde. Fairbanks' Bitte, mit einem Rechtsanwalt telefonieren zu dürfen, wurde hier wie dort ignoriert.

Kurz darauf informierte man den Leiter des kriminaltechnischen Labors, das alle bisherigen Untersuchungen vorgenommen hatte, von Fairbanks' Verhaftung. Er fuhr mit einem Team von Technikern nach Springborough, vernahm die beiden Opfer, durchsuchte das Haus des Angeklagten, stellte die braune Jeanshose sicher und nahm die von Williams und Stanley genommenen Spermaproben mit.

Der zuständige Oberstaatsanwalt trieb daraufhin Malcom Brown zur Eile. Der Druck, den die Öffentlichkeit auf die Verantwortlichen ausübte, wurde von Tag zu Tag stärker. Brown war daher bewusst, dass er, wenn es aufgrund seiner Untersuchungen zu einer Verurteilung käme, im ganzen Land berühmt werden würde. Den Schwerpunkt seiner Untersuchungen legte er auf einen DNA-Vergleich zwischen den Haaren des Angeklagten und den von den Opfern genommenen Abstrichen mit den Spermaspuren des Täters. Dabei störte ihn nicht, dass die Untersuchung von gentechnischem Material zum damaligen Zeitpunkt noch in den Kinderschuhen steckte und dass es zumindest einen namhaften, englischen Wissenschaftler gab, der die Beweisfähigkeit von DNA-Analysen anzweifelte.

Die Ergebnisse, die Brown an die Staatsanwaltschaft lieferte, waren eindeutig. Seinen Untersuchungen zufolge war Fairbanks der Täter. Er hatte beide Frauen vergewaltigt.

Innerhalb kürzester Zeit wurde Fairbanks angeklagt und vor Gericht gestellt. Alle Versuche seines Verteidigers, einen Aufschub zu erlangen, um eigene Untersuchungen durchzuführen, wurden vereitelt. Auch seine Anträge, die

DNA-Analysen nicht als Beweismittel zuzulassen, da die Möglichkeiten und Grenzen ihrer Beweiskraft noch nicht ausreichend erforscht worden waren, wurden abgelehnt.

Das Schwurgericht trat zusammen und Malcolm Brown wurde als Hauptsachverständiger der Staatsanwaltschaft angehört. Er war der Star des Prozesses. Seine Aussage und sein selbstsicheres Auftreten konnte die Verteidigung nicht erschüttern. Fairbanks wurde zu zweimal lebenslanger Haft verurteilt. Seine Beteuerungen, Opfer eines Justizirrtums geworden zu sein, fanden kein Gehör. Zu dem hohen Strafmaß, das Fairbanks auferlegt wurde, trug nicht zuletzt auch die aggressive Berichterstattung bei, in der eine nachdrückliche Vorverurteilung des Angeklagten deutlich geworden war.

Nichtsdestotrotz beteuerte Fairbanks in den kommenden Jahren immer wieder seine Unschuld, wenn er zu seinem Urteil befragt wurde. Und auch der Verteidiger war von seiner Unschuld überzeugt, und zwar so sehr, dass er jahrelang versuchte, den Fall erneut vor Gericht zu bringen. 1994 hatte er damit endlich Erfolg.

Ein anderes Gericht, andere Geschworene und ein verändertes psychologisches Umfeld schafften zu dieser Zeit eine objektivere Atmosphäre als bei der ersten Verhandlung. Und noch etwas war entscheidend: Die Untersuchungsmethoden für forensische Genanalysen waren mittlerweile entscheidend verbessert worden. Selbst der in den 80er-Jahren noch kritisch eingestellte englische Wissenschaftler gestand nun ein, dass mithilfe von DNA-Analysen genaue Identifizierungen möglich seien. Die Fehlerquote lag mittlerweile bei über 1 : 1 000 000 000.

Browns ehemalige Analysen wurden für den neuen Prozess noch einmal kritisch unter die Lupe genommen. Das Ergebnis war ebenso eindeutig wie niederschmetternd: Die sechs Jahre zuvor sichergestellten Spermaspuren stammten nicht von Fairbanks. Brown, der vermeintliche Superstar der DNA, der mittlerweile eine führende Position als Forensiker innehatte, hatte nicht nur fehlerhafte Ergebnisse geliefert, sondern auch schlampige Tests durchgeführt.

Auch die Stofffasern, die beim ersten Prozess kaum beachtet worden waren, wurden 1994 noch einmal gründlich untersucht. Auch hier war das Ergebnis eindeutig: Die Fasern stammten nicht von Fairbanks' Jeans.

Den Geschworenen blieb unter diesen Umständen nichts anderes übrig, als Fairbanks freizusprechen. Nachdem dieser erwiesenermaßen fünf Jahre lang unschuldig im Gefängnis gesessen hatte, verklagte er den Staat West Virginia auf Schadensersatz. Und er erhielt abermals Recht. Als Kompensation für das frühere Fehlurteil wurde ihm eine Million Dollar Schadenersatz zugesprochen. Er bekam allerdings nur einen Teil davon, denn eine beträchtliche Summe wurde von den Ansprüchen seines Rechtsanwalts aufgezehrt.

Obwohl er nun restlos rehabilitiert war, kehrte Fairbanks nicht nach Springborough zurück. Er verkaufte sein Haus und zog in den Westen der USA.

Malcolm Brown geriet durch den Revisionsprozess in die Kritik der Öffentlichkeit. Er verlor nicht nur seinen Ruf als forensischer Sachverständiger, sondern auch seine lukrative Stellung. In West Virginia wurden alle Fälle, bei denen er als Sachverständiger aufgetreten war, erneut überprüft. Dabei stellte sich heraus, dass seine Arbeit auch in anderen Fällen mehr als ungenau gewesen war, so dass bald weitere Urteile, zu denen er beigetragen hatte, revidiert werden mussten.

Kapitel 3

Den Sprengstoffattentätern auf der Spur

Die Flugzeugkatastrophe von Lockerbie – Ein Puzzle für Spezialisten

Der 21. Dezember 1988 war ein Tag wieder jeder andere. Auf dem Flughafen Heathrow herrschte wie immer geschäftiges Treiben. Passagiere mit und ohne Gepäck hasteten von Terminal zu Terminal, um ihre Anschlussflüge zu bekommen, denn wie fast täglich gab es Verspätungen. Der Lautsprecher rauschte und eine weibliche Stimme rief den Pan-Am-Flug 103 von London-Heathrow zum John F. Kennedy Airport in New York auf. Eine Traube von Passagieren bildete sich vor Gate 14. Die Zubringermaschine von Frankfurt, eine Boeing 707, landete gerade rechtzeitig, um den aus Deutschland kommenden Passagieren den Weiterflug nach New York zu ermöglichen.

Der Pan-Am-Flug 103 wurde von einer Boeing 747-121 geflogen. Die Maschine war erst im September 1987 generalüberholt und erheblich umgebaut worden, damit sie der US-Army im Falle einer amerikanischen Mobilmachung als Frachtmaschine dienen konnte.

Der Pilot war der 54-jährige Jim MacQuarrie, ein erfahrener Flugkapitän, der bereits 11 000 Flugstunden absolviert hatte, 4000 davon auf der Boeing 747. Zuvor hatte er die Flugzeugtypen B727, B707, Lockheed L-101 und die DC 3 geflogen. Auch Copilot Raymond Wagner und Flugingenieur Jerry Avritt waren erfahrene Männer. Mit ihnen und den restlichen Crewmitgliedern befanden sich 259 Personen an Bord.

Um 18.25 Uhr hob die Boeing 747-121 *Maid of the Seas* mit 25 Minuten Verspätung von der Landebahn ab. Nachdem die Maschine den Heathrower Luftraum verlassen hatte, nahm der Pilot Kurs auf Schottland, um auf direkter Route nach New York zu fliegen. Um 18.56 Uhr erreichte die Maschine ihre planmäßige Flughöhe von 31 000 Fuß, knapp 9500 Metern. Vier Minuten später wurde sie von der Shanwick Oceanic Control in Prestwick erfasst. Der Luftraumkontrolleur Alan Topp nahm Verbindung mit dem Langstreckenflugzeug, einem so genannten Clipper, auf.

Der Pilot meldete sich mit den Worten: »Good evening Scottish, Clipper one zero three. We are at level three one zero. We are at level three one zero.«

Anschließend hörte man kurz die Stimme des Copiloten: »Clipper one zero three requesting oceanic clearance.« Dann war die Verbindung mit Flug 103 unterbrochen.

Um 19:02 Uhr und 46,9 Sekunden verschwanden die Flugdaten, die vom Flieger automatisch gesendet wurden, vom Radarschirm der Bodenstation.

Nach weiteren acht Sekunden zeigte der Schirm statt einer Flugzielmarkierung gleich vier an, die sich immer weiter voneinander entfernten.

Eine Minute später stürzten eine Tragflächenhälfte mit knapp 100 000 Liter Treibstoff und andere Trümmer auf die schottische Ortschaft Lockerbie. Mit einer Geschwindigkeit von 800 Kilometern pro Stunde trafen Metallstücke jeglicher Größe auf dem Boden auf und rissen einen 50 Meter langen und 13 Meter breiten Krater in die Erde. Häuser wurden dem Erdboden gleich gemacht oder so schwer beschädigt, dass sie abgerissen werden mussten. Elf Menschen starben in den Trümmern oder verbrannten in dem riesigen Feuerball, der bei der Explosion des Treibstoffes entstand. Die Hitze war so groß, dass von der aufgeschlagenen Tragfläche nichts übrig blieb als ein paar Schrauben. Nur durch Zählen der nicht geschmolzenen Stahlschrauben fanden die Ermittler später heraus, dass beide Flügel in den Krater gestürzt waren. Der Aufschlag war so stark, dass seismographische Geräte einen Ausschlag aufzeichneten, den normalerweise nur Erdbeben mit einer Stärke von 1,6 auf der Richterskala auslösen.

Diese Katastrophe war eine der größten in der Geschichte der Luftfahrt und zuständig für die Ermittlungen war einer der kleinsten Polizeibezirke Großbritanniens, der Distrikt von Dumfries und Galloway, zu dem Lockerbie gehörte. Den dortigen Beamten fiel die Aufgabe zu, die größte kriminaltechnische Untersuchung zu leiten, die jemals in Großbritannien durchgeführt wurde. Eine amerikanische Zeitung wusste zu berichten, dass die zuständigen Beamten im Jahr zuvor nur in Fällen von Schafskrankheiten ermittelt und streunende Hunde eingefangen hatten. Die Scottish Dumfries and Galloway Constablury war demnach wohl kaum unzufrieden, bei ihren Ermittlungen von amerikanischen Spezialisten unterstützt zu werden.

Innerhalb von drei Jahren, während deren 15 000 Zeugen befragt wurden, gelang es den schottischen Polizeikräften, die Täter zu identifizieren und Anklage gegen sie zu erheben.

Die Ermittlungen begannen mit einer groß angelegten Bergungsaktion der Opfer, Flugzeugtrümmer und Gepäckstücke. Zu diesem Zweck wurde ein 1000 Mann starkes Suchkommando aus schottischen Polizisten und Soldaten der britischen Armee zusammengestellt. Während der ersten Monate nach der Katastrophe durchforsteten sie einen Bereich von etwa 2200 Quadratkilometern. Ihre Aufgabe bestand darin, alles aufzusammeln, was keine vor Ort wachsende Pflanze oder ein Stein war. Aufgeteilt in Gruppen zu zehn Mann durchkämmten sie Gärten, Felder und Wälder in der südschottischen Region. Unterstützt wurden sie dabei von Hubschraubern der Armee und privaten Fluggesellschaften. Diese orteten mithilfe von Infrarotkameras Wrackteile aus der Luft. Darüber hinaus machten französische Satelliten Aufnahmen vom gesamten Absturzgebiet und hoch auflösende Kameras von Spionagesatelliten der NASA und der US-Streitkräfte durchleuchteten die Wälder.

Während dieser Suche wurden über 10 000 Einzelteile gefunden, große – wie der vordere Teil des Flugzeugs, in dem die Piloten und die Passagiere der ersten Klasse noch angeschnallt in ihren Sitzen saßen – ebenso wie winzig kleine.

Jedes einzelne Teil wurde registriert, markiert, in Plastik verpackt und zu einer Sammelstelle gebracht. Hier wurden die Fundstücke geröntgt und mit einem Gas-Chromatographen auf Pulverspuren hin untersucht.

Von der Sammelstelle aus gingen die Funde nach Longtown, wo sie von Beamten der britischen Flugunfallbehörde begutachtet wurden. Anschließend wurden sie in eine große Halle in Farnborough, Hampshire, transportiert. Dort wurden die Einzelteile wieder zusammengesetzt.

Für die Ermittler des Air Accidents Investigation Board (AAIB) stellte diese Aufgabe ein gigantisches Puzzle dar. Sie wussten, dass, anders als bei einem richtigen Puzzle, viele Teile fehlen würden, doch sie wussten nicht welche. Das Zusammensetzen des Flugzeugs gestaltete sich dementsprechend schwierig. Es war eine immense Aufgabe, die Erfahrung, Phantasie und Geduld erforderte. Schritt für Schritt fanden die Einzelteile an den Platz zurück, an dem sie sich einst befunden hatten.

Zwei Dinge fielen den Ermittlern dabei auf. Die meisten Trümmer sahen so aus, wie man es von Wrackteilen eines Flugzeugs, das in der Luft auseinander gebrochen und zu Boden gestürzt war, erwarten würde. Es gab jedoch auch Teile, deren Aussehen diesem Szenario nicht entsprach. Sie stammten von der unteren linken Seite des Flugzeugs, wo der vordere Gepäckraum gewesen war. Dort musste ein Stück von etwa 130 Quadratzentimetern mit ungeheurer Wucht aus der Außenhaut herausgerissen worden sein. Die Ränder der Wrackteile, die diesen Bereich eingrenzten, waren granulatartig geformt, während alle anderen Teile typische Rissspuren aufwiesen. Zudem hafteten ihnen dunkle Kohlenstoffpartikel an und die Aluminiumfragmente waren sternförmig nach außen gebogen.

Diese Funde überzeugten die Spezialisten davon, dass es im vorderen Gepäckraum der Maschine eine Explosion gegeben haben musste. Ihre Theorie wurde bestätigt, als sich herausstellte, dass in diesem Bereich die Gerüststruktur, an der die Außenhaut befestigt war und die jedem Flugzeug Stabilität verleiht, ebenfalls mit hoher Gewalt auseinander gerissen worden war. Das Zerreißen der tragenden Rahmen an dieser Stelle hatte die gesamte Stabilität des Flugzeuges beeinträchtig und zum Auseinanderbrechen geführt.

Die Ermittler des AAIB konzentrierten ihre Aufmerksamkeit nun vorrangig auf den vorderen Gepäckraum. Dem für die Rekonstruktion der Gepäckcontainer verantwortlichen Spezialist, Mr. Claiden, gelang es, aus den tausenden von Fundstücken alle Container wieder zusammenzustellen. Die meisten wiesen die Beschädigungen auf, die bei einem Fall aus großer Höhe und einem entsprechend harten Aufschlag auf den Erdboden zu erwarten gewesen waren. An einem Aluminium- sowie einem Kunststoffcontainer entdeckte Claiden jedoch zusätzlich andere, ungewöhnliche Schäden. Mithilfe des Ladeplans fand er heraus, dass der Kunststoffcontainer direkt an der Außenhaut des Flugzeugs etwas oberhalb der durch den hohen Druck herausgeflogenen Aluminiumfläche gestanden hatte. Der Aluminiumcontainer hatte sich direkt dahinter befunden. Wie aus der Flugzeughaut waren auch hier Teile gewaltsam herausgeschleudert worden. An den Rändern dieser Teile stellte Claiden Explosionsspuren fest. Er schloss daraus, dass innerhalb des Kunststoffbehälters eine Explosion erfolgt war. Das Detonationsbild ließ vermuten, dass das Gepäckstück, in dem sich der Sprengstoff befunden hatte, nicht am Rand des Containers, sondern zwischen anderen Gepäckstücken gelegen haben musste. Diese Untersuchungsergebnisse wurden von den Forensikern Hayes und Ferady von Armaments Research und Development Establishment bestätigt. Um ihre Theorien zu verifizieren, wurden in den USA an ähnlichen Containern in vergleichbaren Beladezuständen Sprengversuche durchgeführt. Auf der Grundlage dieser Versuche konnte endgültig bestätigt werden, dass an der von Claiden ermittelten Stelle im vorderen Container eine Explosion erfolgt war.

Nun standen die Beamten vor der entscheidenden Frage, in welchem Gepäckstück sich die Bombe befunden hatte. Nur wenn sie hierauf eine Antwort fanden, hatten sie eine Chance, den Täter zu ermitteln.

Während die Ermittler nach Überresten von Gepäckstücken fahndeten, die Explosionsrückstände aufwiesen, errechnete der Sprengstoffexperte Professor Peel, dass für den Anschlag auf die Unglücksmaschine 450 Gramm eines hoch explosiven Sprengstoffs verwendet worden waren und dass die Bombe bei ihrer Detonation 600 Millimeter von der Außenhaut des Flugzeuges entfernt gewesen war. Dem Gepäckplan zufolge bedeutete dies, dass sie 20 Zentimeter von der Innenwandung des von Claiden ermittelten Containers entfernt gelegen haben musste.

Als Sprengmittel kamen sowohl Nitroluene, Nitroglyzerin, PETN als auch RDX in Frage. Genauere Untersuchungen ließen auf die letzten beiden Chemikalien schließen. Diese wiederum wurden in dem hoch explosiven Plastiksprengstoff Semtex verarbeitet, der zum Zeitpunkt des Anschlags noch im tschechischen Semtin hergestellt wurde. Etwa 1000 Tonnen dieses Sprengstoffes waren von der damaligen kommunistischen Regierung nach Libyen verkauft worden.

Auf der Grundlage dieser Erkenntnisse konnten die Beamten eine erste Spur verfolgen.

Inzwischen waren unter den 10 000 Fundstücken etwa 50 Fragmente eines Koffers entdeckt worden, an denen sich Rückstände des ermittelten Sprengstoffes befanden. Kofferhersteller, die in die Ermittlungen einbezogen wurden, ordneten die Fundstücke einem braunen Hartschalenkoffer der Marke Samsonite zu.

Neben den Kofferfragmenten hatten die Bergungstrupps Bruchstücke eines Kassettenrecorders, ein kleines Stück einer Schalttafel und Überreste von Textilien gefunden, die Spuren von Semtexrückständen aufwiesen. Damit war schnell klar, dass sich all diese Gegenstände in dem verdächtigen Koffer befunden haben mussten.

Für eben diese Funde interessierte sich auch der englische Nachrichtendienst. Im Oktober 1988 war er darüber informiert worden, dass die deutsche Polizei eine Semtex-Bombe in einem Kassettenrekorder des Herstellers Toshiba in Neuss entdeckt hatte. Die Bombe war eine von insgesamt fünf aufgefundenen Exemplaren, die der Volksfront zur Befreiung des Libanon und Palästinas zuzuordnen gewesen waren.

Der britische Forensiker Faraday flog daraufhin nach Deutschland, um die dort sichergestellten Bomben und Kassettenrekorder zu untersuchen und mit den bei Lockerbie gefundenen Bruchstücken zu vergleichen. Die Untersuchung ergab, dass die Bruchstücke nicht vollständig mit den in Deutschland gefundenen Geräten übereinstimmten, aber doch viele Gemeinsamkeiten aufwiesen. Weitere Recherchen bei der Firma Toshiba ergaben, dass die gleichen Schaltkreise, wie sie bei Lockerbie gefunden worden waren, in sieben verschiedene Kassettenrekordermodelle eingebaut wurden.

In Farnborough hatte man inzwischen in der Kleidung, die aus dem braunen Samsonite stammte, Papierfetzen gefunden, die zu der Bedienungsanleitung eines Toshiba Kassettenrekorders des Typs RT-SF 16 Bombbeat gehörte. Sie lagen zwischen zwei Herrenoberhemden der Marke Slalom. Weitere Geräteteile wurden in einem weißen T-Shirt, einem cremefarbenen Pyjama, dem Fetzen eines gestrickten, braunen Cardigans mit dem Etikett »Puccini designe«, einem Jackett mit Grätenmuster, einer dazu passenden Herrenhose mit einem Etikett »Size 34, Yorkie« und einem ähnlich gemusterten Stück Stoff gefunden. Außerdem wurden fünf verdächtige Gewebeklumpen, bestehend aus einer blau-weißen Faser, Stücken eines schwarzen Nylonregenschirms und einem Etikett mit der Aufschrift »Made in Malta«, entdeckt.

Die Forensiker kamen anhand von labortechnischen Analysen zu dem Schluss, dass der Grätenmusterstoff und das blau-weiße Fasermaterial um die Bombe gewickelt gewesen sein mussten. Besonders wichtig aber schien ihnen das Etikett mit der Aufschrift »Made in Malta«. Zum ersten Mal hatten die Ermittler nicht nur Spuren, sondern auch einen konkreten Anhaltspunkt, von dem aus sie weitere Nachforschungen betreiben konnten. Sie waren überzeugt, dass der Besitzer des Koffers und der Kleidung, die sich darin befunden hatte, auch der Attentäter war.

Neben den forensischen Untersuchungen lief jetzt auch die kriminalpolizeiliche Arbeit an. Die schottischen Beamten fanden heraus, dass die Hosen der Marke »Yorkie« in Irland und Malta gefertigt wurden. Von den Herstellern, die sie befragten, wurden sie an Yorkies Hauptauslieferungslager auf Malta verwiesen. Daraufhin flog ein Ermittlerteam nach Malta. Im Hauptauslieferungslager erfuhren sie, dass das »Mary's House«, ein Textilgeschäft in Sliema, die fragliche Ware verkaufte. Am 1. September 1989 suchten die Ermittler das Geschäft in der Tower Road auf. Es wurde von der Familie Gauci betrieben. Tony Gauci, einer der Besitzer, konnte sich auf konkrete Nachfragen der Ermittler daran erinnern, dass er zwei Wochen vor dem letzten Weihnachtsfest die beschriebenen Kleidungsstücke an einen Libyer verkauft hatte. Er konnte sich deshalb so genau daran erinnern, weil der Käufer kein wirkliches Interesse an der Ware gezeigt und zudem eine Tweedjacke gekauft hatte, die schon seit Jahren als Ladenhüter im Geschäft gehangen hatte. Neben der Tweedjacke und den von den Ermittlern erwähnten Kleidungsstücken hatte der Libyer noch weitere Textilien gekauft, die von ihrem Stil und ihrer Größe her alle unterschiedlich gewesen waren.

Die Ermittler nahmen eine Probe vom Stoff einer braunen Hose, wie sie zwischen den Bombentrümmern gefunden wurde, und kauften einen schwarzen Regenschirm. Dieser glich ebenfalls jenem, der in der Nähe der Bombenrückstände gefunden worden war. Beide Beweisstücke ließen sie in Schottland untersuchen. Das Ergebnis war eindeutig. Die Stoffprobe stimmte mit einigen Textilfragmenten überein, die mit dem Sprengstoff in Berührung gekommen waren, und auch der Schirm zeigte übereinstimmende Charakteristiken mit aufgefundenen Gewebeteilen. Damit stand für die Ermittler fest, dass der libysche Käufer der Mann war, den sie suchten.

Daraufhin wurde ein Polizeizeichner nach Malta geschickt, um von dem Verdächtigen, an den sich Tony Gauci noch gut erinnern konnte, ein Phantombild anzufertigen.

Schritt für Schritt wurde aus der Masse der Fundstücke ein Beweisstück nach dem anderen extrahiert und die Polizei in die Lage versetzt, den Tätern und ihren Methoden auf die Spur zu kommen. In den Überbleibseln eines T-Shirts wurde beispielsweise ein kleines Stück einer grünen Plastikplatine gefunden, wie sie für elektronische Schaltkreise verwendet wird. Mehrere Gespräche mit Vertretern der Elektroindustrie und umfangreiche Vergleichuntersuchungen des FBI ergaben, dass dieses Bruchstück Teil eines Zeitzünders war, der unter der Bezeichnung MST-13 von der Schweizer Firma MEBO hergestellt wurde. Man fand heraus, dass diese Firma 1985 20 Zeitzünder dieses Typs nach Libyen verkauft hatte. Der Verkauf war über einen Mann namens Abdel Basset al-Megrahi abgewickelt worden. Nach der Meinung eines Firmeninhabers von MEBO gehörte al-Megrahi der libyschen Armee an. Zusammen mit einem weiteren Libyer namens Lamin Khalifa Fhimah hatte er in den Räumen der MEBO in Zürich unter dem Firmennamen ABH ein eigenes Büro eröffnet. Fhimah, der ein Freund al-Megrahis gewesen sein soll, wurde später der örtliche Manager der Libyan Arab Airlines am Flughafen Luqa in der maltesischen Hauptstadt Valletta.

Die ersten Personen, die mit dem Anschlag in Verbindung gebracht werden konnten, waren damit identifiziert. Auf sie konzentrierten sich nun die weiteren Ermittlungen. Dabei wurde immer deutlicher, dass Malta und insbesondere der Flughafen Luqa die Drehscheibe für das Verbrechen gewesen waren.

Auch die Spur des Bombenkoffers führte nach Malta. Diesbezügliche Nachforschungen am Flughafen und auf der Insel sowie eine Hausdurchsuchung bei Fhimah ergaben, dass der Koffer mit der tödlichen Bombe in Malta aufgegeben und über Frankfurt nach Heathrow geschickt worden war. Dort hatte man ihn in die Maschine des Pan-Am-Flugs 103 geladen. Ebenso fand man heraus, dass al-Megrahi zwei Tage vor dem Anschlag von Libyen kommend auf dem Flughaften Luqa gewesen war.

Nach zwei Jahren umfassender und detaillierter Untersuchungen, die erdrückende Beweise zu Tage gefördert hatten, wurde am 13. November 1991 Anklage gegen den libyschen Geheimdienstoffizier und Sicherheitschef der LAA, Abdel Basset Ali al-Megrahi, sowie gegen den LAA-Manager auf dem Flughafen Luqa, Lamin Khalifah Fhimah, erhoben.

Erst am 3. Mai 2000, über elf Jahre nach der Flugzeugkatastrophe, konnte jedoch in Kamp Zeist in Holland der Prozess gegen die beiden Angeklagten eröffnet werden. Im Rahmen eines Abkommens zwischen der britischen und der niederländischen Regierung wurde der Bereich um Kamp Zeist zum britischen Territorium erklärt. In diesem Bereich galt schottisches Recht. Die Verhandlung wurde von den Richtern Lord Sutherland, Lord Coulsfield und Lord MacLean geleitet.

Dass es überhaupt zu dieser Verhandlung kommen konnte, war nur der Tatsache zu verdanken, dass sich die libysche Regierung nach langen Verhandlungen bereit erklärt hatte, die Angeklagten dem Gericht zu überstellen. Als Gegenleistung verlangte sie jedoch gewisse Zugeständnisse seitens der Engländer und US-Amerikaner, etwa dass der Prozess auf neutralem Boden stattfinden sollte, dass die Angeklagten nicht von der schottischen Polizei vernommen werden durften und dass nach keinem anderen libyschen Staatsbürger gefahndet wurde.

Gegründet auf das Beweismaterial, das zahlreiche forensische Wissenschaftler in akribischer Kleinstarbeit zusammengetragen hatten, und den Ermittlungsergebnissen der schottischen Kriminalpolizei wurde al-Megrahi am 31. Januar 2001 des Mordes für schuldig befunden und zu lebenslanger Haft verurteilt. Ein Gnadengesuch von al-Megrahi wurde am 14. März 2002 abgelehnt. Al-Megrahi wurde in das Barlinnie Gefängnis nach Glasgow gebracht, wo er seitdem seine Strafe in Einzelhaft verbüßt. Sein Mitangeklagter Fhimah wurde für nicht schuldig befunden und konnte bereits nach dem letzten Verhandlungstag in seine Heimat zurückkehren. Kamp Zeist wurde nach Abschluss des Prozesses wieder an die niederländische Regierung zurückgegeben.

Ein fast perfekter Mord – Forensische Wissenschaftler finden die Nadel im Heuhaufen

Sonntag, 27. September: Gegen Mittag fährt Henning Schöning sein Wohnmobil in die Garage und arbeitet bei offener Garagentür an dem Fahrzeug.

Sonntag, gegen 18.00 Uhr: Schöning verlässt sein Haus. Er trägt einen Mantel über dem Arm und hält einen kleinen Koffer in der Hand. Seine Frau Sonja winkt ihm von der Haustür aus nach. Schöning steigt in seinen silbergrauen Mercedes 220 CDI und fährt fort. Bevor er losfuhr, stand sein Wagen in der Garagenauffahrt; die Garage selbst war geschlossen.

Montag, 28. September, 10.00 Uhr: Eine Nachbarin sieht Sonja Schöning im Garten hinter ihrem Haus. Sie erwidert den Gruß der Nachbarin mit einem kurzen Nicken. Auf eine kurze Plauderei über den Gartenzaun geht sie entgegen ihrer sonstigen Gewohnheit nicht ein.

Montag, gegen 12.30 Uhr: Frau Schöning steigt in ihren roten Ford Fiesta und fährt fort. Sie winkt ihrer Nachbarin zu, die wie an jedem Wochentag um diese Zeit ihre sechsjährige Tochter vom Schulbus abholt.

Montag, gegen 20.00 Uhr: Eine gewaltige Explosion erschüttert das Haus Schönings. Trümmer fliegen umher und Fensterscheiben zersplittern. An den Häusern zu beiden Seiten des Schöningschen Grundstücks verursachen umherfliegende Steinbrocken größere Schäden an Mauerwerk und Bäumen. Die seitlich vor das Wohnhaus gebaute Doppelgarage liegt in Trümmern. Das völlig zerstörte Wohnmobil steht in Flammen.

Montag, 20.05 Uhr: Ein Nachbar alarmiert die Feuerwehr.

Montag, zwischen 20.07 Uhr und 20.10 Uhr: Eine zweite Explosion hüllt die gesamte Brandstelle in einen Feuerball. Schwarzer Rauch steigt in die Höhe.

Montag, 20.15 Uhr: Die Feuerwehr trifft mit einem Löschfahrzeug an der Unglücksstelle ein. Sie versucht zu verhindern, dass das Feuer auf die benachbarten Häuser übergreift. Nach und nach treffen weitere Löschzüge ein.

Montag, 23.00 Uhr: Das Feuer konnte gelöscht werden. Die Garage der Schönings ist bis auf die Grundmauern niedergebrannt. Vom Wohnmobil sind nur noch Trümmer übrig. Die Nachbarhäuser sind, abgesehen von einer dunklen Rußschicht, die sie überzogen hat, nicht beschädigt worden. Der Brandmeister begutachtet die Brandstelle.

Montag, 23.01 Uhr: Der Brandmeister meldet dem anwesenden Oberwachtmeister Falter den Fund eines verbrannten Körpers.

Montag, 23.08 Uhr: Oberwachtmeister Falter meldet den Fund seinem Vorgesetzten.

Montag, 23.13 Uhr: Die Meldung über den Fund einer Brandleiche geht bei der Mordkommission I ein.

Montag, 23.15 Uhr: Der Dienst habende Beamte verständigt den Leiter der Mordkommission und informiert die Techniker der Spurensicherung.

Die bis hierher geschilderten Ereignisse konnten die Kriminalbeamten der Mordkommission I im Verlauf ihrer Ermittlungen durch Befragungen der Nachbarn von Familie Schöning, mithilfe von Aussagen der Feuerwehrleute und auf der Grundlage polizeilicher Dienstprotokolle rekonstruieren. Alle weiteren Fragen, die die Explosion im Hause Schöning betrafen, mussten auf der Basis der am Unglücksort aufgefundenen Spuren geklärt werden.

Kurz vor Mitternacht trafen zwei Beamte der Mordkommission, ein Rechtsmediziner und mehrere Techniker der Spurensicherung am Brandort ein.

Der vorläufigen Einschätzung des Brandmeisters zufolge war die erste Explosion mit hoher Wahrscheinlichkeit durch Gas verursacht worden, die zweite dürfte das Benzin im Tank des Wohnmobils ausgelöst haben. Dass bei der Tragödie niemand verletzt worden war, hielt der Brandmeister für ein Wunder. Die Polizei führte diesen günstigen Umstand darauf zurück, dass sich die erste Explosion während der Ausstrahlung der Tagesschau ereignet hatte und sich die Bewohner bei der zweiten Detonation ausreichend weit von dem Brandort entfernt gehalten und keine Löschversuche unternommen hatten.

Um keine Spuren zu zerstören, wurde der Brandort weiträumig abgesichert. In und um den Brandort hatten die Löschmittel leider fast alle Spuren weggespült.

Der zuständige Rechtsmediziner, der die aufgefundene Leiche untersuchte, konnte bei einer ersten Untersuchung vor Ort lediglich feststellen, dass es sich um eine Person weiblichen Geschlechts handelte. Dies war anhand verschiedener Merkmale eindeutig zu erkennen gewesen: Die Augenhöhlen waren runder, die Nasenöffnung weniger gerade und das Becken breiter als bei einem Mann.

Nachdem der Leichenfundort mit Kreide markiert worden war, wurde die Tote in einen Plastiksack gepackt und zur Autopsie in die Rechtsmedizin überführt.

Die zuständigen Kriminalbeamten versuchten unterdessen, Herrn Schöning ausfindig zu machen. Dieser konnte jedoch in der Nacht nicht mehr gefunden werden. Keiner der Nachbarn wusste, wo er sich aufhielt, und niemand hatte eine Vermutung, wo man ihn hätte suchen können. Die Beamten erfuhren lediglich, dass der Gesuchte in der Stadt eine Beraterfirma besaß. Die Adresse war über die Polizeizentrale schnell herausgefunden; um diese Zeit war dort telefonisch jedoch niemand zu erreichen. Schöning konnte also frühestens am nächsten Morgen über das Unglück informiert werden.

Nach einer ersten Untersuchung des Tatorts stimmten der Leiter der Spurensicherung und der Brandmeister darin überein, dass die erste Explosion im Hause Schöning im Inneren des Wohnmobils ausgelöst worden war. Zahlreiche Trümmerstücke, wie Aluminiumfragmente von den Seitenwänden, Kunststoffteile von Wagenfenstern und Mauersteine von den Garagenwänden waren vom ehemaligen Standort des Gefährts aus sternförmig in alle Richtungen geschleudert worden. Diese Theorie stützten auch die Ausbeulungen und Verwerfungen der nach dem Brand übrig gebliebenen Metallverstrebungen des Wohnmobils, die vom Innenraum aus nach außen gebogen waren. Dass der Kraftstofftank später explodiert war, konnten die Beamten daraus schließen, dass die Metallfragmente des Tanks über den Teilen lagen, die bei der ersten Explosion fortgeschleudert worden waren. Seine nach außen gebogenen Blechteile zeigten auch, dass er das Zentrum der zweiten Explosion gewesen war.

Die Suche nach Fragmenten, die infolge der Explosion weit über das Unglücksgebiet verstreut lagen, dauerte während der gesamten Nacht und auch am nächsten Tag noch an. Jedes Fundstück wurde mit einer Nummer gekennzeichnet und in einen fest verschließbaren Plastikbeutel gepackt. Dieser wurde anschließend mit einem Etikett versehen, auf dem man Datum, Uhrzeit und die genaue Fundstelle des Inhalts notierte.

Im Anschluss an die Spurensicherung gingen die Experten vorläufig davon aus, dass die Explosionen im Haus der Schönings nicht vorsätzlich ausgelöst worden, sondern Folgen eines tragischen Unfalls gewesen waren. Nach Aussagen der Anwohner war Sonja Schöning eine starke Raucherin gewesen und angesichts der aktuellen Sachlage war es gut möglich, dass die Explosion durch das Anzünden einer Zigarette ausgelöst worden war. Die erste Explosion schien beispielsweise durch ausgetretenes Gas verursacht worden zu sein, das beim Anzünden einer Zigarette leicht explodieren konnte, und bei der Leiche handelte es sich aller Wahrscheinlichkeit nach um Sonja Schöning. Etwas stimmte den ermittelnden Kriminalhauptkommissar Oskar Brahm jedoch nachdenklich. Wenn die Tote Sonja Schöning war, wo befand sich dann der rote Ford Fiesta, mit dem sie laut Zeugenaussagen am Mittag des Unglückstags fortgefahren war?

Brahm beauftragte einen Kollegen, bei einer erneuten Befragung der Anwohner mehr über Familie Schöning zu erfahren. Im vorliegenden Fall erwies sich das als einfach, da die Nachbarn der Schönings ein recht redseliges Völkchen war, das sich offenbar geschmeichelt fühlten, die Polizei mit Informationen versorgen zu können.

Nachdem Brahm und sein Kollege das Wesentliche vom Nebensächlichen getrennt hatten, stand fest, dass die Schönings zumindest in den Augen ihrer Nachbarn ein ganz normales Familienleben geführt hatten. Beide Ehepartner waren circa 40 Jahre alt, in zweiter Ehe verheiratet, aber immer kinderlos geblieben. Sie waren vor etwa zwei Jahren zugezogen, hatten das in dem gehobenen Wohnviertel stehende Haus aufwendig renoviert und führten seitdem ein unauffälliges Leben. Zuweilen gönnten sie sich jedoch gern einen Hauch von Luxus. So fuhren sie zum Beispiel immer die neuesten Autos. Umso erstaunter waren die Nachbarn gewesen, als sich Henning Schöning zwei Monate vor dem Unglück ein altes Wohnmobil gekauft hatte. Einem Nachbarn, der sich darüber einen Scherz erlaubt hatte, hatte Schöning erklärt, dass er als Ausgleich zu seinem eintönigen Bürojob auch einmal etwas Handwerkliches tun wolle, und da sich die Gelegenheit geboten hätte, das Wohnmobil für einen akzeptablen Preis zu erstehen, habe er sich entschlossen, es wieder herzurichten.

Am Morgen nach dem Brand rief Brahm in Schönings Büro an. Die Sekretärin, die den Anruf entgegennahm, erklärte ihm, dass Schöning geschäftlich unterwegs gewesen sei, sich jedoch bereits auf dem Weg nach Hause befände und gegen Abend dort eintreffen würde. Sie selbst habe in der Morgenzeitung von dem Unglück erfahren, das sich dort ereignet hatte, und ihren Arbeitgeber sofort davon unterrichtet.

Damit Brahm Schöning nach seiner Ankunft auch erreichen konnte, hatte die Sekretärin dem Beamten die Handynummer ihres Chefs gegeben. Brahm wartete bis zum Abend. Dann rief er die angegebene Nummer an und bat Schöning, noch am selben Abend bei ihm vorbeizukommen.

Als Schöning auf dem Revier erschien, stand ihm der Schock noch ins Gesicht geschrieben. Am meisten nahm ihn die Ungewissheit über den Verbleib seiner Frau mit. Während der Vernehmung erklärte er, dass er sich seit Sonntag geschäftlich in München befunden habe, wo er eigentlich auch die nächsten drei Tage noch hatte bleiben wollen. Er sei gegen Abend losgefahren und spät in der Nacht in dem Hotel angekommen, in dem seine Sekretärin ein Zimmer für ihn reserviert hatte. Auf die Frage, ob er beweisen könne, dass er zur Unfallzeit nicht zu Hause gewesen sei, reagierte er äußerst ungehalten, kramte dann aber aus seinem Portemonnaie die Quittung einer Autobahntankstelle hervor, die gut 500 Kilometer von seinem Wohnort entfernt lag. Außerdem könne der Nachtportier seines Hotels bezeugen, dass er spät in der Nacht dort angekommen sei, erklärte er. Zum Verbleib des roten Fiesta konnte Schöning ebenfalls konkrete Angaben machen. Seine Frau hatte ihn am Montag zur Inspektion in die Werkstatt bringen wollen. Der Wagen sollte also eigentlich beim Fordhändler in der Hamburger Straße zu finden sein.

Brahm erschienen alle Antworten des Befragten glaubwürdig und plausibel. Die Annahme, dass die Explosion in Schönings Haus ein tragischer Unfall gewesen war, wurde immer wahrscheinlicher.

Die Obduktion der am Brandort vorgefundenen Leiche lieferte keine besonderen Informationen. Zwar wurden weder Gasrückstände noch Kohlendioxyd in der Lunge gefunden, was eigentlich ein Zeichen dafür war, dass die Person zum Zeitpunkt der Explosion bereits tot gewesen war. Doch es war natürlich möglich, dass die Tote das Wohnmobil mit einer brennenden Zigarette betreten hatte oder sich kurz nach dem Betreten des Wohnwagens eine Zigarette angezündet hatte. Da Propangas schwerer ist als Luft und sich daher zunächst am Boden absetzt, um von dort langsam höher zu steigen, konnte die Person die Explosion womöglich auch erst einige Zeit nach dem Betreten des Wohnwagens ausgelöst haben und dann sofort getötet worden sein. Eventuell hatte sie sich aber auch gebückt und etwas auf dem Boden gesucht, und dabei war dann das Gas entzündet worden. Da es eine ganze Reihe von Erklärungen dafür gab, warum die Tote weder Gas noch Kohlendioxyd in der Lunge hatte, war man nach wie vor davon überzeugt, dass sie infolge eines Unfalls ums Leben gekommen war.

Gewebefasern, die man im Mund, in der Luftröhre und in der Lunge der Leiche gefunden hatte, konnten von den Polstern des Wohnmobils stammen. Möglicherweise hatte sich die Tote, als sie ausströmendes Gas gerochen hatte, einen losen Sitzbezug vor den Mund gehalten.

Als wenig überraschend hatte sich auch die Identität der Leiche erwiesen. Es handelte sich wie vermutet um Sonja Schöning. Eine DNA-Analyse, die auf der Grundlage von Gewebeproben der Leiche und von Haaren, die man in einer vom Brand verschont gebliebenen Bürste Sonja Schönings gefunden hatte, durchgeführt worden war, hatte diese Theorie bestätigt.

Nachdem man Herrn Schöning die traurige Nachricht überbracht hatte, wurde die Leiche zur Bestattung freigegeben.

Obwohl für Kriminalhauptkommissar Brahm immer noch nicht alle Fragen beantwortet waren, wurden die Ermittlungen eingestellt. Etliche dringendere Fälle warteten darauf, bearbeitet zu werden.

Acht Tage nach der Explosion meldete sich ein Mann namens Joseph Marten bei Brahm. Er wies sich als Schadensermittler eines großen Versicherungsunternehmens aus und erklärte, dass er Ermittlungen im Falle Schöning anstelle. Beide Eheleute hatten bei seiner Gesellschaft je eine Lebensversicherung in Höhe von einer Million Euro abgeschlossen, in welcher der jeweils andere Partner begünstigt worden sei. Im Falle eines Unfalls verdopple sich die Auszahlungssumme. Sollte es sich bei dem Tod seiner Frau tatsächlich um einen Unfall handeln, erhielt Schöning von seiner Versicherung also zwei Millionen Mark ausbezahlt. Für den Schadensermittler ergab sich aus diesem Umstand ein starkes Mordmotiv.

Kriminalhauptkommissar Brahm sah das ähnlich. Vor allem konnte er die hohe Versicherungssumme gegenüber seinem Vorgesetzten als starkes Argument für eine Wideraufnahme des Falls geltend machen. Aufgrund der veränderten Sachlage wurde dieser Antrag auch umgehend genehmigt.

Nun wurde noch einmal jedes der über 2000 Fundstücke gesichtet. Diesmal jedoch ging man, zumindest theoretisch, davon aus, dass die Explosion im Hause Schöning vorsätzlich verursacht worden war. Nach tagelangen Recherchen hatte man die Fundstücke 44, 998, 1002, 1356 und 2453 aussortiert, um sie genauer zu untersuchen. Es handelte sich um einen Kupferdraht, einen Zeiger, ein kleines Zahnrad, das Stück einer Feder und den Teil eines Ziffernblatts. Eine genaue labortechnische Untersuchung ergab, dass man auf Bestandteile eines handelsüblichen Weckers gestoßen war, und zwar auf ein Exemplar, das noch von Hand aufgezogen werden musste. Da das Zahnrad keinerlei Abnutzungserscheinungen aufwies, war der Wecker offenbar erst vor kurzem gekauft worden oder er hatte lange Zeit unbenutzt herumgestanden. Anhand des Ziffernblatts konnte ein Uhrmacher den Hersteller des Weckers ermitteln. Von diesem erfuhren die Beamten, dass es sich bei dem ihnen vorliegenden Modell um ein robustes, antikisiertes Modell handelte, das seit einiger Zeit nicht mehr hergestellt wurde. Es konnte jedoch noch ermittelt werden, an welche Geschäfte und Kaufhäuser der Umgebung ein oder mehrere Exemplare ausgeliefert worden waren.

Fund Nummer 998, das Zeigerstück, wies unter dem Mikroskop Kratzer auf, die darauf schließen ließen, dass ein feines Metallteil, wie zum Beispiel ein dünner Draht, daran befestigt gewesen war.

Fund Nummer 44 war ein 35 Zentimeter langer Kupferdraht von fünf Millimetern Durchmesser. Er war an einer Seite verschmort, jedoch nicht durch die Hitze der Explosionen und des Brandes, sondern infolge eines elektrischen Kontakts mit hoher Amperezahl. Zudem hatte man an dem Draht kleine Mengen von Batteriesäure nachweisen können. Zu den üblichen Bestandteilen einer Autobatterie konnte der Draht jedoch nicht gezählt werden.

Wecker und Kupferdraht könnten zu einem Zünder gehört haben, der über die Batterie für den Wohnbereich des Wagens einen Kurzschlussfunken erzeugt hatte, wodurch wiederum die Explosion ausgelöst worden war. Allerdings konnten für die beiden verdächtigen Fundstücke auch ganz andere und möglicherweise plausiblere Erklärungen gefunden werden.

Zigarettenasche, Fragmente eines Zigarettenfilters oder Streichholzpartikel waren am Brandort nicht gefunden worden. Es war jedoch durchaus möglich, dass die Wucht der Explosion, das Feuer und die große Menge an verwendetem Löschmittel diese Spuren vernichtet hatten.

Eine erneute Begutachtung der Fotografien vom Brandort ließ die ermittelnden Beamten jedoch stutzig werden. Anhand der Kreidemarkierungen, die den genauen Fundort der Leiche kennzeichneten, zeigte sich, dass die Tote an einem Ort gelegen hatte, auf den sie die Wucht der Explosion gar nicht hätte werfen können, zumindest dann nicht, wenn man die bisherigen Unfalltheorien zugrunde legte. Anders als bisher angenommen sah es so aus, als hatte jemand die Leiche so in der Garage abgelegt, dass er oder sie – zu welchem Zweck auch immer – noch genügend Bewegungsfreiheit im verbleibenden Raum zwischen Wohnmobil und Garagenwand gehabt hatte. Dass dies nicht bereits bei der ersten Untersuchung aufgefallen war, sprach nicht für die Techniker, die den Brandort untersucht hatten, zeigte aber, wie sehr sich die unausgesprochene Annahme, die Explosion sei auf einen Unfall zurückzuführen, auf die Arbeit eines jeden Einzelnen ausgewirkt hatte.

Aufgrund der neuen Erkenntnisse stellte sich die Frage, ob Frau Schöning zum Zeitpunkt der Explosion bereits tot gewesen war. Ideal wäre gewesen, wenn man eine weitere rechtsmedizinische Untersuchung der Leiche hätte durchführen können. Da die Leiche nach ihrer Freigabe eingeäschert worden war, war eine erneute Autopsie jedoch nicht möglich.

Daher musste der Fall von einer anderen Seite her aufgerollt werden. Eine Frage, der Kriminalhauptkommissar Brahm zu diesem Zweck nachgehen wollte, war, ob die Frau, die am Morgen des Brandtags in ihrem Garten und in dem roten Ford Fiesta gesehen wurde, tatsächlich Frau Schöning gewesen war.

Einer inneren Ahnung folgend stellte Brahm ein Team zusammen, welches das berufliche und soziale Umfeld von Henning Schöning durchleuchten sollte. In erster Linie sollte nach einer Freundin oder einer eventuellen Geliebten gesucht werden, die Ähnlichkeit mit Schönings verstorbener Frau hatte.

Zwei andere Kriminalbeamte suchten unterdessen den Mann auf, der Schöning das Wohnmobil verkauft hatte. Sie sollten herausfinden, ob es sich zum Zeitpunkt des Verkaufs in einem Zustand befunden hatte, in dem es noch Sinn gemacht hätte, es wieder herzurichten. Andernfalls hätte man ein Indiz dafür gehabt, dass Schöning das Wohnmobil nur gekauft hatte, um den geplanten Mord an seiner Frau zu vertuschen.

Ein weiterer Beamter machte sich schließlich auf die Suche nach dem Geschäft, in dem der zu den Trümmern am Unglücksort gehörende Wecker gekauft worden war. Er hatte schon vier Geschäfte abgeklappert, als sich im fünften endlich ein Verkäufer daran erinnern konnte, ein solches Modell etwa drei Wochen zuvor verkauft zu haben. Dieser Umstand war ihm deshalb so gut im Gedächtnis geblieben, weil der Wecker ein echter Ladenhüter gewesen war, den lange Zeit niemand hatte haben wollen. Der Käufer war ihm dementsprechend gut in Erinnerung geblieben; seine Beschreibung passte auf Henning Schöning.

Der ehemalige Besitzer des Wohnmobils erklärte den ermittelnden Beamten, dass sein Fahrzeug beim Verkauf schrottreif gewesen sei. Der Motor und das Getriebe waren defekt gewesen. Eine Reparatur hätte sich nicht mehr gelohnt. Beides war Schöning beim Kauf bekannt gewesen, hatte ihn aber nicht interessiert. Der Tank, und das war vielleicht die interessanteste Information für die Beamten, sei beim Verkauf vollkommen leer gewesen. Der Verkäufer selbst hatte das gesamte Restbenzin abgelassen, um es für seinen Pkw zu verwenden.

Das dritte Ermittlerteam war bislang leider nicht erfolgreich gewesen. Eine Geliebte Schönings hatte man nicht gefunden. Alle Befragten hielten Schöning für einen treuen Ehemann. Auch eine andere Bekannte, die Frau Schöning glich, hatte man nicht ermitteln können. Die Untersuchungen in diesem Bereich dauerten also noch an.

Auf der Grundlage der vorliegenden Erkenntnisse wurde nun eine Hausdurchsuchung bei Schöning anberaumt. Dieser war noch dabei, die letzten Spuren zu beseitigen, die die Explosionen an seinem Haus verursacht hatten. Von dem plötzlichen Auftauchen der Polizei war er völlig überrascht. Niemand hatte ihn darüber informiert, dass die Ermittlungen in seinem Fall wieder aufgenommen worden waren. Auch aus seinem Bekanntenkreis hatte er nicht erfahren, dass die Polizei Erkundigungen über ihn eingeholt hatte.

Die Durchsuchung brachte jedoch keinerlei Hinweise auf einen eventuellen Mord an Frau Schöning. Allerdings fand sich auch kein Wecker, der jenem entsprach, den Schöning mit großer Wahrscheinlichkeit erst vor kurzem gekauft hatte. Schöning wurde sichtlich verlegen, als Brahm ihn ganz beiläufig auf diesen Wecker ansprach. Erst nach längerem Zögern erklärte er, dass er ihn weggeworfen habe, da er seiner Frau nicht gefallen hatte.

Nach der Durchsuchung wurde Schöning noch einmal zu einem ausführlichen Verhör aufs Polizeirevier bestellt. Offenbar ahnend, dass nichts Gutes auf ihn zukommen sollte, erschien er dort mit einem Anwalt. Da dieser ihm bei jeder verfänglichen Frage riet, nicht zu antworten, konnten die Beamten hierbei nicht mehr erfahren, als sie ohnehin schon wussten.

Brahm empfand die aktuelle Situation als sehr unbefriedigend. Ebenso wie seine Kollegen war er überzeugt, dass

Schöning seine Frau ermordet hatte. Es war ihm jedoch bis jetzt nicht gelungen, stichhaltige Beweise dafür zu erbringen. Sein einziger Trost war zu wissen, dass Schönings Versicherung keinen Cent zahlen würde, solange der Fall nicht eindeutig geklärt war.

Drei Tage später sollte sich die Lage von Grund auf ändern. An diesem Tag meldete sich eine Frau bei Brahm, die eine Aussage im Fall Schöning machen wollte. Es handelte sich um eine ausgebildete Schauspielerin, die, wie sie sagte, von Schöning engagiert worden sei, um für ein paar Stunden seine Frau zu spielen. Schöning hatte ihr erzählt, dass seine Frau von einem aufdringlichen Verehrer belästigt würde, dem sie nur entkommen könne, wenn sie die Stadt kurzfristig verlassen würde. Damit der Verehrer ihre Flucht nicht bemerke, sollte sie, die Schauspielerin, einen Abend und einen Vormittag lang Schönings Gattin spielen. Gegen Ende des Vormittags hatte sie den Fiesta in die Werkstatt bringen und dabei darauf achten sollen, dass sie von den Nachbarn gesehen wurde. Anschließend konnte sie nach Hause fahren. Schöning hatte ihr ein großzügiges Honorar gezahlt und sie zur Verschwiegenheit verpflichtet. Nachdem sie jedoch in den Zeitungen von den Explosionen und dem Leichenfund gelesen habe, waren ihr Bedenken gekommen. Anfänglich hatte sie diese verdrängt, vor allem weil sie ihr Honorar, das sie dringend benötigte, nicht zurückzahlen wollte. Sollte Schöning seine Frau jedoch tatsächlich umgebracht haben, wollte sie ihn nicht ungestraft davonkommen lassen.

Aufgrund der veränderten Sachlage wurde Schöning erneut zum Verhör geladen. Diesmal brachte er seinen Anwalt nicht mit. Offensichtlich fühlte er sich sicher. Brahm hatte es jedoch so eingerichtet, dass Schöning die Schauspielerin auf dem Weg ins Vernehmungszimmer sehen musste. Dieser Umstand hatte Schöning schon einmal leicht irritiert, obwohl er sich dies zunächst nicht anmerken ließ. Als die Vernehmungsexperten Schöning schließlich mit der Aussage der Schauspielerin konfrontierten, geriet er völlig aus dem Konzept. Er verstrickte sich in Widersprüche, aus denen er sich nicht mehr herauswinden konnte, und verweigerte daraufhin jede weitere Aussage.

Nachdem er Rücksprache mit seinem Anwalt gehalten hatte, gestand Schöning jedoch die Tat. Er gab an, dass es zwischen seiner Frau und ihm zu einem Streit gekommen sei. Für die Erweiterung seiner Firma habe er mehr Kapital benötigt, das ihm seine Frau jedoch nicht habe geben wollen. Sie sei auch nicht bereit gewesen, bei der Bank für ihn zu bürgen. Im Verlauf des Streits habe er die Beherrschung verloren und seine Frau am Hals gepackt. Dabei muss er sie intensiv gewürgt und dadurch erstickt haben. Er habe jedoch erst bemerkt, was er getan hatte, als sie unter ihm zusammensackte. Als man Schöning darauf hinwies, dass seine Geschichte nicht mit den an der Leiche und am Unfallort gefundenen Spuren übereinstimmte, erwiderte er nichts, sondern wiederholte nur, dass alles ein tragischer Unfall gewesen sei.

Das Gericht verurteilte Schöning wegen vorsätzlichen Mordes zu einer langjährigen Gefängnisstrafe. Der Richter nahm ihm nicht ab, dass der Tod seiner Frau ein Unfall gewesen war. Zu vieles sprach dagegen: der Kauf und die Präparation des Wohnmobils, die Anschaffung des Weckers, der, wie Schöning zugegeben hatte, als Auslöser für einen Zündmechanismus benutzt worden war, sowie das Engagement der Schauspielerin, die seine Frau darstellen sollte. Diese Umstände deuteten viel eher darauf hin, dass die Ermordung von Sonja Schöning geplant gewesen und damit vorsätzlich geschehen war.

Kapitel 4

Kein Entrinnen für Giftmischer

Nur scheinbar perfekt – Ein gewöhnliches Medikament als tödliche Waffe

Harry und Susan Lynd lebten in einer kleinen Wohnsiedlung am Stadtrand von Hampshire. Ihr Haus machte einen gepflegten Eindruck. Der kleine Vorgarten war voller Rosen, die Fenster schmückten modische Gardinen und auf den Fensterbänken standen unzählige Blumen und Grünpflanzen. Susan Lynd war oft mit Rosenschere und Harke im Garten zu sehen und sie konnte zu Recht behaupten, den schönsten und gepflegtesten Garten der ganzen Straße zu besitzen.

Susan und Harry hatten gerade geheiratet, als sie vor einem Jahr in dieses Haus gezogen waren. Für beide war es die zweite Ehe. Harry hatte seine erste Frau durch einen Selbstmord verloren und Susan hatte sich vor drei Jahren von ihrem ersten Mann scheiden lassen. Kinder hatten sie nicht mit in die Ehe gebracht. Dafür waren sie beide berufstätig. Susan arbeitete als Sekretärin bei einem Immobilienmakler und Harry war Krankenpfleger im städtischen Krankenhaus. Bei den Bewohnern der Siedlung waren die zurückhaltenden und höflichen Lynds gern gesehen. Sie machten auf ihre Nachbarn einen glücklichen Eindruck.

Doch ihr Glück sollte nicht lange währen.

Am Abend des 17. August klingelte es gegen 22.30 Uhr Sturm bei Peter Desmond. Als dieser die Tür öffnete, stand ein völlig aufgelöster und nur mit einem Pyjama bekleideter Harry Lynd vor ihm und stammelte mit vor Tränen erstickter Stimme, dass seine Frau in der Badewanne verunglückt sei. Er habe sofort Wiederbelebungsmaßnahmen eingeleitet, doch all seine Bemühungen seien vergeblich gewesen. Desmond eilte daraufhin mit seinem verstörten Nachbarn zu dessen Wohnung und fand Susan Lynd leblos vor der Badewanne liegend. Er stürzte unverzüglich zu Lynds Telefon und alarmierte den Notarzt. Lynd kauerte sich derweil in einen Wohnzimmersessel, presste die Hände vor die Augen und begann zu weinen. Desmond versuchte ihn zu trösten. Als etwa zehn Minuten später der Notarzt eintraf, hatte Lynd sich so weit beruhigt, dass er den Arzt empfangen und erklären konnte, was geschehen war. Der Arzt konnte jedoch nur noch den Tod Susan Lynds feststellen.

Bei seiner Untersuchung war ihm jedoch aufgefallen, dass Lynds Pyjamahose trocken war, obwohl seine Frau ihm zufolge in der mit Wasser gefüllten Badewanne gelegen hatte, bevor er versucht hatte, sie wiederzubeleben. Der Arzt behielt seine Beobachtung für sich, untersuchte die Leiche daraufhin jedoch noch einmal genauer. Dabei entdeckte er mehrere Nadelstiche in der linken Armbeuge der Leiche. Er fragte Lynd, ob seine Frau Spritzen erhalten habe. Daraufhin erklärte Lynd ohne Umschweife, dass er selbst ihr ein Vitaminpräparat injiziert habe, weil sie in der letzten Zeit oft über Müdigkeit und Erschöpfung geklagt habe. Der Arzt kommentierte diese Erklärung nicht weiter, erkundigte sich jedoch, wann Lynd ihr das Mittel zum letzten Mal geben habe. Dies sei noch am selben Morgen gewesen, bevor er zur Arbeit ins Krankenhaus gefahren sei, erklärte Lynd. Der Arzt wunderte sich über diese Antwort, denn der Einstich, der ihm aufgefallen war, schien ganz frisch gewesen zu sein. Gegenüber Lynd und seinem Nachbarn erwähnte er dies jedoch nicht.

Da es nicht seine Aufgabe war, Ermittlungen anzustellen, informierte der Notarzt die Polizei. Lynd gegenüber begründete er sein Handeln damit, dass die Polizei bei allen Unfällen mit Todesfolge routinemäßig hinzugezogen werden müsse. Um den Polizisten die Merkwürdigkeiten, die ihm aufgefallen waren, nicht im Beisein von Lynd und dessen Nachbarn erklären zu müssen, erwartete er die Beamten auf der Straße.

Die Polizisten begutachteten den Unfallort und kamen zu demselben Schluss wie der Notarzt. Irgendetwas stimmte nicht. Ein so eindeutiger Unfall, wie Lynd es behauptete, lag nicht vor. Da sie sich für die weiteren Ermittlungen nicht kompetent genug hielten und fürchteten, mögliche Spuren zu vernichten, riefen sie ihren Vorgesetzten, Chief Constable Dale Witherspoon, hinzu. Bis zu seinem Eintreffen sicherten sie den Unfallort, damit nichts verändert werden konnte.

Witherspoon traf kurz darauf mit der zuständigen Pathologin, Dr. Irene Marsh, und einigen Beamten der Spurensicherung ein. Während sich Dr. Marsh zusammen mit dem Notarzt die Leiche ansah, untersuchte die Spurensicherung die Wohnung nach Anzeichen für ein Verbrechen.

Witherspoon, der den Unfallort ebenfalls genau begutachtete, sprang eine weitere Ungereimtheit ins Auge: Die

Badewanne, in der Susan Lynd zum Zeitpunkt ihres Todes gelegen haben sollte, war vollkommen trocken und weder die Wanne noch die Wände oder der Boden wiesen Spuren von Seifenschaum auf. Witherspoon machte sowohl den Notarzt als auch die beiden Polizisten auf diesen Umstand aufmerksam, aber auch ihnen waren keine Seifenspuren aufgefallen. Daraufhin beauftragte Witherspoon die Spurensicherung, gezielt nach eingetrockneten Seifenresten zu suchen.

Nachdem er sich ein allgemeines Bild von dem vermeintlichen Unfallort verschafft hatte, verhörte Witherspoon Lynd zum Unfallhergang. Dieser hatte sich inzwischen soweit beruhigt, dass er einigermaßen gefasst über die Ereignisse berichten konnte. Seine Frau, so erzählte er, habe sich gegen 19.30 Uhr ins Bett gelegt. Sie habe sich bei der Hitze, die den ganzen Tag über geherrscht hatte, nicht wohl gefühlt. Sie litt bei solchen Wetterlagen unter Kreislaufproblemen. Er selbst habe den ganzen Abend ferngesehen. Gegen 21.30 Uhr sei seine Frau wieder heruntergekommen, weil sie in der schwülen Schlafzimmerluft keine Entspannung finden konnte. Sie habe gesagt, dass sie ein Bad nehmen wolle, und sei ins Badezimmer gegangen. Lynd selbst habe dies lediglich zur Kenntnis genommen und weiter ferngesehen. Irgendwann nach 22 Uhr habe er die Toilette aufsuchen müssen und war ins Badezimmer gegangen. Dort habe er seine Frau mit dem Kopf unter Wasser in der Badewanne liegend vorgefunden. Er habe daraufhin den Abfluss geöffnet, seine Frau aus der Wanne gehoben und Wiederbelebungsmaßnahmen eingeleitet. Doch schon bald habe er gemerkt, dass er ihr nicht helfen konnte. In seiner Verzweiflung habe er nicht gewusst, was er tun sollte, und war schließlich zu seinem Nachbarn geeilt.

Witherspoon wollte wissen, ob Lynds Frau mit Badeschaum bedeckt gewesen war, als er sie fand. Lynd hatte den Beamten daraufhin zunächst etwas verwirrt angesehen. Nach einigen Sekunden erklärte er jedoch, dass der Kopf frei und nur einige Teile des Körpers von Schaum bedeckt gewesen seien.

Die Frage, warum er nicht sofort den Notarzt angerufen habe, konnte Lynd wiederum ziemlich rasch beantworten. In seinem Schreck habe er diese Möglichkeit gar nicht bedacht. Als ausgebildeter und erfahrener Krankenpfleger wusste er ja, wie man einen Menschen ordnugnsgemäß wiederbelebt. Er habe daher wohl rein instinktiv gehandelt.

Diese Aussagen hielt Witherspoon für glaubhaft. Er konnte sich vorstellen, dass ein Mann beim Anblick seiner leblosen Frau einen Schock bekam und sich weder an genaue Umstände erinnern noch seine Handlungen logisch begründen konnte.

Inzwischen hatten die Ärzte die vorläufige Untersuchung der Leiche beendet und auch die Spurensicherung hatte ihre Arbeit abgeschlossen.

Im Badezimmer waren drei Spritzen sichergestellt worden. Lynd erklärte, dass er diese aus dem Krankenhaus mitgebracht habe. Eine davon habe er dazu benutzt, um seiner Frau das Vitaminpräparat zu injizieren, mit der zweiten habe er sich selbst Penizillin gespritzt; ihn plage schon seit längerer Zeit ein Geschwür am Nacken, das er auf diese Weise zu kurieren gedenke. Die dritte Spritze war noch nicht benutzt worden. Sie diente als Reserve.

Der Notarzt begutachtete Lynds Nacken, entdeckte die Einstichstelle einer Spritze und nickte bestätigend. Die Aussage entsprach offenbar der Wahrheit.

Inzwischen war der Leichenwagen eingetroffen. Die sterblichen Überreste Susan Lynds wurden verladen und in das rechtsmedizinische Institut von Hampshire überführt.

Am nächsten Morgen sprach Witherspoon mit Detective Inspector Steve Main über den Fall. Witherspoon hatte große Bedenken, den Tod Susan Lynds als Unfall zu deklarieren. Nachdem der Inspektor über die bisherigen Untersuchungen sowie deren Ergebnisse informiert worden war, stimmte er mit dem Chief Constable überein. Die Widersprüche zwischen Lynds Schilderung und den Entdeckungen am Fundort erschienen auch ihm zu groß. Sollte Lynd seine Frau tatsächlich mit dem Kopf unter Wasser in der Badewanne vorgefunden haben, musste die Wanne zu diesem Zeitpunkt voller Wasser gewesen sein. Falls Lynd seine Frau sofort, nachdem er den Abfluss geöffnet hatte, aus der Wanne gehoben haben sollte, konnte der Wasserspiegel in der kurzen Zwischenzeit kaum gesunken sein. Als er den leblosen Körper aus der demnach noch recht vollen Badewanne hob, hätte es also zu einer Überschwemmung kommen und Wasserspritzer an den Wänden geben müssen. Die Wände waren jedoch trocken gewesen, und auch Flecken von getrockneten Spritzern hatte man nicht entdeckt. Darüber hinaus sprach auch das Fehlen von Seifenschaumflocken auf der Leiche, an den Wänden und auf dem Boden gegen Lynds Schilderung.

Der größte Widerspruch aber ergab sich aus Lynds trockenem Pyjama. Um den leblosen Körper aus der Badewanne zu heben, hätte Lynd mit den Armen ins Wasser greifen und – seiner krankenpflegerischen Erfahrung wegen – den Körper seiner Frau zum Abstützen gegen seine Brust drücken müssen, was nahezu die gesamte Vorderseite des Pyjamas durchnässt hätte.

Warum hatte er in diesem Punkt so offensichtlich gelogen?

Die Beamten beschlossen die Ergebnisse der Obduktion und der Laboruntersuchungen abzuwarten, bevor sie weitere Schritte einleiteten. Main schlug vor, sich in der Zwischenzeit schon einmal inoffiziell mit Lynds Vorleben zu beschäftigen. Er und Witherspoon waren sich einig, dass Lynd in diesem Stadium der Untersuchung nichts von ihrem Verdacht erfahren sollte. Sie wollten ihn in Sicherheit wiegen, bis sie mehr Fakten in den Händen hatten.

Unterdessen obduzierte Dr. Marsh Susan Lynds Leiche in der Rechtsmedizin. Aufgrund der auffälligen Einstichstellen suchte sie zunächst nach Drogen oder Giften im Körper der Toten. Solche Stoffe waren jedoch nicht nachzuweisen. Die Todesursache war eindeutig: Susan Lynd war ertrunken. Eigentümlich aber war, dass, wie Dr. Marsh feststellte, die Lungen der Toten nur mit Leitungswasser gefüllt waren und nicht mit Seifenlauge, wie es Lynds Aussage nach hätte sein müssen.

Die Untersuchung der relativ frischen Einstichstelle, die schon dem Notarzt aufgefallen war, brachte darüber hinaus keine besonderen Ergebnisse. Das Labor hatte auf einigen Hautpartikeln der Toten, die Dr. Marsh zur Analyse eingereicht hatte, kleine Mengen eines Vitaminpräparats entdeckt. Lynds Aussage konnte also in dieser Hinsicht bestätigt werden. Die Frage war nur, warum er behauptet hatte, seiner Frau das Präparat zum letzten Mal am Morgen des Unglückstags gegeben zu haben, wo doch ganz offensichtlich später noch einmal eine Injektion erfolgt war.

Die kriminaltechnische Untersuchung der Funde des Spurensicherungsteams förderte weitere Widersprüche zu Tage. Das Wasser, das sich zum Zeitpunkt von Susan Lynds Tod in der Badewanne befunden hatte, musste Leitungswasser gewesen sein. Die Seifenpartikel, die man in der Wanne entdeckt hatte, waren lediglich in geringer

Konzentration vorhanden, so dass sie nur von Rückständen stammen konnten, die sich noch in der Wanne befunden hatten, bevor das Wasser eingelassen worden war. Auf keinen Fall entsprachen sie der Menge, die zu erwarten gewesen wäre, wenn sich auf dem Wasser so viel Schaum befunden hätte, wie Lynd behauptet hatte. Auch an den Wänden und auf dem Boden des Bads hatte man keine Rückstände von frischem Seifenschaum gefunden. Sämtliche auf den Fliesen entdeckten Seifenpartikel waren älteren Datums.

Die Untersuchung der sichergestellten Spritzen wiederum bestätigte die Aussage Lynds im Wesentlichen. Eine Spritze wies Spuren eines Vitaminpräparats auf, an der anderen konnten Rückstände von Penizillin nachgewiesen werden. Die dritte Spritze war noch original verpackt.

Bei der Lektüre des Laborberichtes fiel Dr. Marsh jedoch etwas auf, das sie stutzig machte. An der Spritze mit den Vitaminrückständen hatten die Labortechniker auch winzige Mengen von Insulin nachgewiesen.

Wie kam das Insulin an die Spritze, mit der das Vitaminpräparat verabreicht worden war?

Insulin ist kein Gift. Der Körper selbst produziert es, um den Zuckerhaushalt zu regulieren. Bei Diabetespatienten, deren Körper kein oder nicht mehr genügend Insulin herstellt, wird dieser Stoff als Medikament gespritzt. Wenn Insulin aber Menschen verabreicht wird, die nicht zuckerkrank sind, reagiert deren Körper mit Schock und Kollaps. Jemand, der in einer Badewanne liegt, die mit ausreichend Wasser gefüllt ist, könnte nach einem solchen Kollaps durchaus ungewollt untertauchen und ertrinken. Sollte Harry Lynd seine Frau so umgebracht haben?

Noch einmal untersuchte Dr. Marsh die Leiche Zentimeter für Zentimeter. Und sie wurde fündig: Am Gesäß, fast verdeckt durch die Gesäßfalte, entdeckte sie vier winzige rote Punke – Einstichstellen einer Injektionsnadel.

Dr. Marsh entnahm von dem Bereich rund um die Einstichstellen Haut- und Fleischproben, verflüssigte sie und zog eine geringe Menge davon auf eine Spritze auf. In einem Labor, in dem Versuchstiere für medizinische Tests bereitgestellt wurden, spritzte sie einer Maus das Präparat aus den Körperpartikeln und einer anderen ein normales Insulinpräparat. Beide Mäuse starben an den gleichen Symptomen. Dr. Marsh führte daraufhin ein zweites Experiment durch. Diesmal injizierte sie zwei Meerschweinchen die aus der Leiche gewonnene Lösung, bei einem der Tiere fügte sie jedoch einen Insulinblocker hinzu. Das Ergebnis entsprach ihren Erwartungen. Das Meerscheinchen, das die reine Lösung erhalten hatte, starb an einem Kollaps und das Tier, das den Insulinblocker erhalten hatte, überlebte.

Als nächstes erkundigte sich Dr. Marsh beim Hausarzt der Lynds, ob die Verstorbene an Diabetes gelitten, und wenn ja, ob sie Insulinpräparate bekommen habe. Beide Fragen wurden verneint. Damit war für Dr. Marsh bewiesen, dass Lynd seine Frau mit einer Insulininjektion ermordet hatte.

Inzwischen war auch Inspector Main mit seinen inoffiziellen Nachforschungen ein Stück weitergekommen. An seiner Arbeitsstelle im Krankenhaus hielt jedermann Lynd für einen kompetenten Krankenpfleger. Zudem war er immer pünktlich und zuverlässig. Er hatte jedoch eine kleine Marotte, die einigen seiner Kollegen langsam schon lästig wurde: Wiederholt behauptete Lynd sowohl Patienten als auch Kollegen gegenüber, dass man mit Insulin den perfekten Mord begehen könne. Obwohl er seine These fundiert begründete und recht ungehalten reagierte, wenn man ihn nicht ernst nahm, lachte man im Grunde über ihn.

Niemand konnte sich vorstellen, dass er seine Theorie jemals würde beweisen können. Dazu war er ein viel zu großer Menschenfreund.

Auch die Leute an Lynds früherem Wohnort konnten nur Vorteilhaftes von ihrem ehemaligen Nachbarn berichten. Er und seine erste Frau seien überall hoch angesehen gewesen. Das erklärten auch die Geschäftsleute in dieser Gegend. Jeder mochte die Lynds wegen ihrer zurückhaltenden, höflichen Art. Keiner konnte sich daran erinnern, dass es zwischen den Eheleuten je einen Streit gegeben habe. Deshalb war man auch so überrascht gewesen, als sich Clara Lynd eines Tages so ganz unvermittelt das Leben genommen hatte. Sie schien zwar in den letzten Monaten vor ihrem Tod etwas bedrückt zu sein, doch dies habe man für eine vorübergehende Phase gehalten. Gestorben war Clara Lynd an einer Überdosis Heroin, die sie sich dem Arzt zufolge, der den Totenschein ausgestellt hatte, selbst verabreicht hatte.

Von einem pensionierten Lehrer, der Lynd mehrere Jahre lang unterrichtet hatte, erfuhr Main, dass der Verdächtige ein eher unauffälliger Schüler gewesen war, der recht durchschnittliche Leistungen erbracht hatte. Zuweilen hatte er jedoch makabere Züge durchscheinen lassen. So soll er, meinte der Lehrer sich zu erinnern, einmal sein geliebtes Haustier getötet haben und deswegen in psychiatrischer Behandlung gewesen sein. Diesbezügliche Nachforschungen verliefen jedoch im Sand. Es konnte kein Psychiater gefunden werden, der Lynd einmal behandelt hatte.

Als die Polizei kurz nach dem Erhalt des Obduktionsberichts von Dr. Marsh bei Lynd erschien, um ihn wegen der Ermordung seiner Frau zu verhaften, konnte dieser es kaum fassen. Obwohl er mit den Widersprüchen seiner

Unfallschilderung konfrontiert wurde, blieb er bei seiner ursprünglichen Aussage. Davon wich er auch bei nachfolgenden Verhören nicht ab, und selbst gegenüber seinen Mithäftlingen beteuerte er seine Unschuld.

Lynds Verteidiger plädierte vor Gericht dementsprechend auf Freispruch. Er stützte seine Argumentation auf die Tatsache, dass der Körper in plötzlichen Stress- oder Angstsituationen selbst große Mengen Insulin in den Blutkreislauf pumpt, was wiederum den Blutzuckerspiegel erhöht und dann abermals zu einer natürlichen Erhöhung der Insulinkonzentration führt. Wäre Susan Lynd in der Wanne plötzlich ausgerutscht und untergetaucht, so der Verteidiger, hätte der Schreck, sie würde sich nicht mehr befreien können, die gleichen Symptome hervorrufen können wie die im Obduktionsbericht beschriebenen.

Die zu dieser Darstellung befragte Dr. Marsh erklärte, dass der vom Verteidiger beschriebene Prozess im Fall von Susan Lynd nicht stattgefunden haben könne, denn Insulin, das vom Körper produziert werde, verteile sich gleichmäßig in der Blutbahn, und seine Konzentration läge selbst in Extremsituationen erheblich unter der Menge, die an den Einstichstellen der Toten festgestellt worden war.

Zusammen mit allen anderen Indizien, die die Polizeitechniker, Rechtsmediziner und Kriminalbeamten gesammelt hatten, führte diese Aussage dazu, dass die Geschworenen den Angeklagten für schuldig befanden und zu lebenslanger Haft verurteilten.

Da Lynd auch nach dieser Verurteilung weiterhin seine Unschuld beteuerte und behauptete, Opfer eines Justizirrtums geworden zu sein, konnte nie ein Motiv für seine Tat ermittelt werden.

Mord oder Selbstmord? – Eine Tote gibt Antworten

Birgit Kollow hatte seit ihrer Jugend nur einen Wunsch – sie wollte in einer Großstadt leben. Sie war in einem kleinen Dorf in Mecklenburg-Vorpommern geboren worden. Dort ist sie auch aufgewachsen und zur Schule gegangen, bis sie auf die Oberschule in die Kreisstadt wechselte. Doch die knapp fünf Kilometer, die sie bis dahin zurücklegen musste, was meist mit dem Fahrrad geschah, hielten zu wenig Abwechslung für sie bereit. Außerdem war die Kreisstadt in Birgits Augen noch immer ein fades Provinznest. Birgit hasste das Leben auf dem Land. Was sie auch tat, sie fühlte sich beobachtet, und wenn sie einmal mit einem Jungen ausging, wussten ihre Eltern dank einer »fürsorglichen« Nachbarin am nächsten Tag sofort, was geschehen war.

Nach der Schule ließ Birgit sich zur Erzieherin ausbilden. Ihre Ausbildungsstelle lag ebenfalls in der Kreisstadt. Das bedeutete, dass sie weiterhin zu Hause wohnte und unter der Aufsicht ihrer Eltern stand.

Als Birgit endlich ihren Abschluss in der Tasche hatte, bewarb sie sich um eine Stelle als Kindergärtnerin in Berlin Kreuzberg. Ihren Eltern sagte sie davon nichts. Als sie eine Zusage aus Berlin erhalten hatte, stellte sie ihre Eltern vor vollendete Tatsachen. Wie sie es erwartet hatte, kam es daraufhin zu einer heftigen und tränenreichen Auseinandersetzung. Doch Birgit ließ sich nicht umstimmen. Sie zog nach Kreuzberg.

Gleich zu Beginn hatte sie bei der Wohnungssuche viel Glück. Sie fand ein winziges Apartment ganz in der Nähe ihrer Arbeitsstätte, das sie sich von ihrem Gehalt gut leisten konnte.

Die Abende an den Wochentagen verbrachte Birgit recht gemächlich mit Fernsehen und Vorbereitungen auf den nächsten Tag, denn die Arbeit als Kindergärtnerin war nicht leicht; Birgits Gruppe bestand zu 90 Prozent aus Ausländerkindern unterschiedlicher Nationalitäten. An den Wochenenden leistete Birgit sich etwas mehr Abwechslung. Sie zog durch Szenekneipen, um Prominente zu beobachten, und manchmal besuchte sie auch Diskotheken. Obwohl sie sehr offen und kontaktfreudig war, hielt sie sich mit oberflächlichen Männerbekanntschaften oder gar »one-night-stands« zurück.

Eines Abends begegnete Birgit in einer Kneipe jedoch einem jungen Mann, den sie auf Anhieb sympathisch fand. Während eines Gesprächs stellte sich heraus, dass das Gefühl auf Gegenseitigkeit beruhte. Birgit erfuhr, dass der junge Mann Jürgen Martin hieß, und verabredete sich gleich für den nächsten Tag mit ihm. Die Verabredung verlief sehr harmonisch, so dass sich die beiden bald immer häufiger sahen. Nach einem halben Jahr erkannte Birgit, dass sie sich in Jürgen verliebt hatte. Sie zog mit ihm zusammen und begann, von Heirat und Kindern zu träumen.

Birgits Verhältnis zu ihren Eltern hatte sich unterdessen wesentlich gebessert. Einmal im Monat stattete sie ihnen einen Besuch ab. Dabei schwärmte sie stets von ihrer großen Liebe. Einmal brachte sie Jürgen mit und stellte ihn ihren Eltern vor. Obwohl sie es sich nicht anmerken ließen, mochten sie den jungen Mann nicht, so jedenfalls gaben sie es später zu Protokoll. Birgit, Jürgen oder vielleicht beide mussten das irgendwie gespürt haben, denn fortan besuchte Birgit ihre Eltern wieder allein.

Inzwischen wurde Birgits Glück nur von zwei Umständen getrübt: Zum einen waren ihr Jürgens Freunde, mit denen dieser viel Zeit verbrachte, nicht geheuer. Zum anderen störte es sie, dass Jürgen schon seit längerer Zeit arbeitslos war und keine Anstrengungen unternahm, eine neue Stelle zu finden. Seit sie ihn kennen gelernt hatte, lebten sie nur von ihrem Gehalt und kamen damit gerade so zurecht. Jürgen war damit jedoch nicht zufrieden. Er bevorzugte einen luxuriösen Lebensstil mit teuren Autos und vielen Reisen. Wenn er mal Geld hatte – über dessen Herkunft er sich ausschwieg – mietete er teure Autos, um damit Touren durch die Stadt oder aufs Land zu unternehmen.

Eines Tages hatte Jürgen in ihrer Wohnung für seine Freunde eine Party organisiert. Birgit konnte den Freunden dort nicht aus dem Weg gehen, ohne unhöflich zu sein, und Jürgen hatte sie ausdrücklich gebeten, mit ihnen zu feiern, also war sie geblieben. Zu vorgerückter Stunde – Alkohol war reichlich geflossen und die Stimmung war ungezwungen und immer ausgelassener geworden – sprach einer der Freunde Birgit an, ob sie nicht Lust hätte, eine schnelle Mark nebenbei zu verdienen. Er kenne Geschäftsleute, die für gewisse Leistungen eine Menge Geld springen lassen würden. Birgit war, wie sie ihrer Mutter später erzählte, daraufhin so erzürnt gewesen, dass sie dem Freund eine Ohrfeige gegeben und ihn aufgefordert hatte die Wohnung zu verlassen.

Nach diesem Vorfall kam es zum ersten ernsten Streit zwischen ihr und Jürgen. Jürgen warf ihr vor, viel zu viel Aufhebens wegen einer Kleinigkeit zu machen. Was wäre schon dabei, fragte er sie, wenn sie sich ab und zu mal mit einem Geschäftsmann treffen und dafür einen Haufen Knete kassieren würde. Das wäre doch leicht verdientes

Geld, mit dem sie sich einen ganz anderen Lebensstil würden leisten können. Wie ihre Mutter später zu Protokoll gab, konnte Birgit damals nicht glauben, dass ihr Lebensgefährte ihr zutraute oder sogar von ihr erwartete, sich zu prostituieren. Als Jürgen das Thema ein paar Tage nach ihrem Streit erneut aufwarf, entschloss Birgit sich, die Beziehung zu beenden. Sowie sie eine andere Wohnung gefunden habe, werde sie ausziehen, erklärte sie.

Nach diesem Vorfall wurde Birgit immer depressiver. Wenn sie nach Hause fuhr, sprach sie kaum noch von ihren Problemen. Selbst Birgits Nachbarn in Berlin, die die Streitereien zwischen ihr und Jürgen kaum mitbekamen, konnten ihre niedergeschlagene Stimmung kaum übersehen. Irgendwann suchte Birgit ihren Hausarzt auf und klagte über Herzbeschwerden und Schlaflosigkeit. Der Arzt verschrieb ihr daraufhin ein Schlaf- und ein Beruhigungsmittel.

Einige Tage später war Birgit tot. Jürgen war derjenige, der den Fund ihrer Leiche meldete. Er sei abends von einem Besuch bei einem Freund nach Hause gekommen und habe Birgit nur mit einem Nachthemd bekleidet auf dem Bett liegend vorgefunden. Dies zumindest erklärte er später bei einer polizeilichen Befragung. Birgit lag auf dem Rücken und schien zu schlafen, daher habe er ihr, wie er später erklärte, die Bettdecke übergelegt. Er habe sich nicht darüber gewundert, dass sie bereits so früh am Abend im Bett gelegen hatte, da sie sich in letzter Zeit häufiger nicht wohl gefühlt hatte. Als Birgit nach einer Stunde noch immer bewegungslos im Bett lag, habe er versucht sie zu wecken, aber keine Reaktion erhalten. Erst da habe er angefangen, sich zu wundern, und Birgit genauer betrachtet. Nun erst sei ihm aufgefallen, dass sie offenbar nicht mehr atmete, und er habe versucht, sie wiederzubeleben. Erst als er damit keinen Erfolg hatte, dämmerte es ihm langsam, dass sie tot sein könne. Daraufhin habe er einen Nachbarn, von dem er wusste, dass er Sanitäter beim Roten Kreuz war, um Hilfe gebeten.

Der Mann war glücklicherweise zu Hause gewesen und sofort mitgekommen. Er hatte jedoch rasch erkannt, dass in Birgits Fall nichts mehr zu machen war, und Jürgen geraten, sofort den Hausarzt anzurufen.

Dieser stellte nach einer flüchtigen Untersuchung den Tod seiner Patientin fest. Nachdem Jürgen ihm erzählt hatte, dass Birgit in den letzten Tagen immer häufiger über Herzbeschwerden geklagt hatte, schrieb der Arzt den Totenschein auf akutes Herzversagen aus und veranlasste, dass die Leiche von einem Beerdigungsinstitut abgeholt wurde.

Als die Eltern von Birgits Tod erfuhren, waren sie so geschockt, dass sie die komplette Beerdigungsorganisation Jürgen überließen. Dieser war extra vorbeigekommen, um die nötigen Absprachen mit ihnen zu treffen. Er hatte vorgeschlagen, die Verstorbene in Berlin verbrennen zu lassen und die Urne zur endgültigen Bestattung an den Wohnsitz der Eltern zu überführen.

Erst als Jürgen gegangen war und sie den ersten Schock überwunden hatten, konnten die Eltern ruhiger über den Tod ihrer Tochter nachdenken. Sie konnten es einfach nicht glauben, dass ihre Tochter an Herzversagen gestorben sei, wo sie doch immer so sportlich und gesund gewesen war. Je länger sie darüber nachdachten, umso größer wurden ihre Zweifel. Und da sie von Birgits psychischen Beschwerden nichts wussten, Jürgen Martin ihnen jedoch zutiefst unsympathisch war, waren sie sich bald sicher, dass es beim Tod ihrer Tochter nicht mit rechten Dingen zugegangen sein konnte.

Am nächsten Tag versuchten sie, Jürgen zu erreichen, um die Vollmacht, die ihn zur Einäscherung von Birgits Leiche berechtigte, zurückzuziehen. Jürgen schien jedoch nicht zu Hause zu sein, zumindest ging er nicht ans Telefon. Als die Eltern ihn auch am nächsten Tag nicht erreichten, ging die Mutter zur Polizei. Sie schilderte den Fall und beantragte, den Tod ihrer Tochter untersuchen zu lassen. Der bearbeitende Beamte meldete den Sachverhalt daraufhin der zuständigen Staatsanwaltschaft.

Der Staatsanwalt nahm die Bedenken der Mutter ernst und rief den Arzt an, der den Totenschein ausgestellt hatte. Dieser gab zu, Birgit nur oberflächlich untersucht zu haben, da die von ihrem Lebensgefährten geschilderten Symptome mit den Beschwerden, die seine Patientin ihm in der Praxis geschildert hatte, übereinstimmten. Verdächtig sei ihm nichts erschienen, abgesehen davon, dass er es ungewöhnlich fand, dass eine so junge Frau an akutem Herzversagen gestorben war.

Dem Staatsanwalt reichte diese Auskunft aus, um eine Untersuchung einzuleiten. Der Einäscherungstermin wurde aufgehoben und die Überführung der Leiche in die Rechtsmedizin angeordnet.

Die Obduktion fand am nächsten Tag im Beisein des Staatsanwalts statt. Bei der Begutachtung fielen der Pathologin zunächst zwei dunkle Stellen an den Wangen der Toten auf, die sich rasch als Hautabschürfungen identifizieren ließen. Anschließend zeigte sich, dass sich die Lage der Leichenflecke nicht mit den Aussagen deckte, die Jürgen dem Arzt gegenüber gemacht hatte. Jürgen wollte Birgit auf dem Rücken liegend vorgefunden haben. Dies bedeutet, dass die Pathologin bei der Toten auf dem Rücken oder der Rückseite der Oberschenkel ausgeprägte Leichenflecke hätte finden müssen. An diesen Stellen waren die Flecke aber nur schwach ausgebildet, viel stärker sichtbar waren sie auf der Vorderseite des Körpers. Die Pathologin schloss daraus, dass die Tote zunächst auf dem Bauch gelegen hatte und erst später umgedreht worden war.

Als nächstes wurde die Leiche geöffnet. Die Pathologin führte von den Ohren bis zum Ende des Brustbeins einen Y-Schnitt und anschließend einen Längsschnitt bis in die Leistengegend aus. Alle Organe, einschließlich des Herzens, befanden sich in einem gesunden Zustand. Von einem Herzversagen konnte demnach keine Rede sein. Auch sonst gab es keine Verletzungen, die auf eine bestimmte Todesursache hingewiesen hätten. Am Hals unterhalb des Kehlkopfes befanden sich zwei schmale rote Streifen, die zunächst nicht erklärt werden, aber auch eindeutig nicht zum Tod geführt haben konnten.

Interessante Erkenntnisse brachten die labortechnischen Untersuchungen des Blutes und der Organe der Toten. Sowohl im Blut als auch in den Organen fanden sich Rückstände eines hoch konzentrierten Schlafmittels. Es stimmte zwar mit dem Medikament überein, das Birgit von ihrem Arzt verschrieben worden war, war aber in deutlich höheren Mengen eingenommen worden als empfohlen. Als Todesursache reichten diese Mengen aber trotzdem nicht aus.

Was letztlich zum Tod geführt hatte, waren höhere Mengen an Gas, die im Blut und in der Lunge der Toten gefunden wurden.

Für den Staatsanwalt galt es nun zu klären, wie das Gas in den Körper gelangt war, um Rückschlüsse darauf ziehen zu können, ob ein Unfall, Selbstmord oder Mord vorlag.

Da der Häuserblock, in dem Jürgens und Birgits Wohnung lag, mit Gasöfen beheizt wurde, beauftragte der Staatsanwalt den verantwortlichen Versorger mit der Überprüfung der

Gasleitungen – eine Maßnahme, die aufgrund des Obduktionsergebnisses allein schon der Sicherheit der anderen Hausbewohner wegen erfolgen musste. Das Ergebnis war negativ. Alle Zuleitungen zu Jürgens und Birgits Wohnung waren dicht; die Öfen waren zum fraglichen Zeitpunkt nicht einmal beheizt worden. Damit blieb als einzig mögliche Quelle für einen Gasaustritt der Küchenofen übrig.

Mit dessen Überprüfung wurde die Spurensicherung beauftragt. Die Beamten gingen hierbei mit akribischer Sorgfalt vor. Um die vorhandenen Spuren nicht durch fremde Partikel zu verfälschen, arbeiteten sie mit Schutzanzügen, Plastikschuhen und Latexhandschuhen. Die im Herd gefundenen Fremdkörper packten sie in Plastikbeutel, die genauestens beschriftet wurden.

Im Labor wurde dann die Spreu vom Weizen getrennt. Nachdem man alle Lebensmittelrückstände aussortiert hatte, blieben zwei braune Krümel übrig. Unter dem Mikroskop zeigte sich, dass es sich um Hautrückstände handelte, die in ihrer Größe etwa den Abschürfstellen auf den Wangen der Toten entsprachen. Daraufhin wurde die Leiche noch einmal untersucht. Dabei stellte man fest, dass die Abschürfungen erst nach dem Eintritt des Todes verursacht worden waren.

Und es gab eine weitere Entdeckung: Bei der Spurensuche hatten die Techniker auf dem Boden der Backöffnung zwei Metallschienen entdeckt. Und als man die Leiche noch einmal genauer begutachtete, stellte sich heraus, dass die Wundspuren am Hals der Toten in Form und Abstand genau mit diesen Schienen übereinstimmten.

Die Ergebnisse aller polizeilichen Untersuchungen ergaben somit, dass Birgit Kollow an einer Gasvergiftung gestorben war und dass es sich bei ihrem Tod nicht um Selbstmord, sondern um Mord handelte: Birgit war mit einer Überdosis des von ihrem Arzt verschriebenen Schlafmittels betäubt und anschließend mit dem Gesicht nach unten in den Backofen gesteckt worden. Dabei hatte sich der Hals durch das Gewicht des Kopfes auf die Schienen gedrückt. Der Gashahn war entweder vorher oder sofort, nachdem der Kopf in der Bratröhre lag, geöffnet worden. In ihrem betäubten Zustand atmete Birgit das Gas widerstandslos ein, bis sie starb. Da sie dabei mit dem Bauch nach unten lag, sammelte sich das Blut auf der Vorderseite des Körpers, was zu den ausgeprägten Leichenflecken auf dieser Seite führte. Der Mörder hatte die Flecken nicht wahrgenommen, weil Birgit zur Tatzeit mit einem Nachthemd bekleidet war. Einige Zeit nach Eintritt des Todes, etwa ein bis zwei Stunden später, hatte der Mörder die Leiche aus dem Ofen gezogen und sie mit dem Rücken nach unten auf ihr Bett gelegt, woraufhin noch etwas Blut in den Rücken gesickert war und dort die helleren Leichenflecke verursacht hatte. Die Schürfwunden an den Wangen sind aller Wahrscheinlichkeit nach beim Herausziehen des Kopfes aus der Bratröhre entstanden.

Der einzige Verdächtige für die Tat war Birgits Lebensgefährte Jürgen. Er wurde von den Beamten der Mordkommission vernommen. Diese konnten ihn jedoch nicht zu einem Geständnis bewegen. Er blieb bei seiner anfänglichen Aussage, dass er Birgit, als er nach Hause kam, auf dem Rücken liegend im Bett vorgefunden habe.

Die Beamten überprüften daraufhin Jürgens Umfeld, seine Lebensgewohnheiten und natürlich sein Alibi. Dabei ergab sich Folgendes: Jürgen Martin verdiente sein Geld als Zuhälter. Zurzeit gingen zwei Frauen für ihn anschaffen. Jürgen war in der Szene als freundlicher, aber auch brutaler Zeitgenosse bekannt. Gehorchten seine Frauen ihm nicht, mussten sie damit rechnen, geschlagen zu werden. Jürgens Freunde stammten ausnahmslos aus dem Zuhältermilieu, andere Kontakte besaß er nicht. Am Tag von Birgits Ermordung war Jürgen gegen 10 Uhr bei seinen Frauen aufgetaucht, um die Einnahmen der vergangenen Nacht zu kassieren. Dabei habe er unkonzentriert und nervös gewirkt, so eine der Frauen. Um 12 Uhr sei er weggefahren und erst gegen 13 Uhr wieder gesehen worden, und zwar in einem Billardlokal, in dem er den restlichen Nachmittag verbracht hatte. Abends war er essen gegangen. Anschließend hatte er sich bis etwa 20 Uhr in einem Club aufgehalten. Da der Hausarzt gegen 20.30 Uhr alarmiert worden war, musste Jürgen von dem Club direkt nach Hause gefahren sein.

Weder der zu Hilfe geholte Nachbar noch der herbeigerufene Arzt hatten Gasgeruch in der Wohnung festgestellt. Jürgen musste Birgit bereits am Vormittag getötet, mittags aus dem Ofen gezogen und aufs Bett gelegt haben. Das entsprach auch der Todeszeit, die von der Rechtsmedizinerin ermittelt worden war.

Aufgrund dieser Ermittlungsergebnisse wurde Jürgen Martin offiziell festgenommen. Er wurde erneut verhört – diesmal von Spezialisten, die für besonders harte Fälle ausgebildet worden waren. Bei dieser Vernehmung verstrickte er sich nun mehr und mehr in Widersprüche. Je länger das Verhör dauerte, desto nervöser wurde er und desto unbedachter wurden seine Antworten. Er, der draußen als knallharter Typ galt, war im Grunde ein Feigling. Die vernehmenden Beamten hatten das schnell erkannt und nutzten diese Schwäche so lange aus, bis Jürgen zusammenbrach und die Tat gestand.

Der Mord hatte sich, so stellte sich heraus, genauso abgespielt, wie die Beamten angenommen hatten. Am Morgen des Tattages war es wieder einmal zu einem Streit zwischen Jürgen und Birgit gekommen. In seiner Wut hatte Jürgen gesagt, dass er Birgit gar nicht liebe, sondern sie nur für den Strich haben wolle. Birgit sei anschließend wie eine Furie auf ihn losgegangen. Bei einem daraufhin entbrennenden Kampf sei Birgit plötzlich ohnmächtig geworden. Jürgen konnte in diesem Moment an nichts anderes mehr denken als sie umzubringen, weil sie sich seinem Willen beständig widersetzte. Er hatte dann einen Teil ihrer Schlaftabletten in Cognac aufgelöst, sie wieder zu Bewusstsein gebracht und ihr das Glas gegeben. Erstaunlicherweise hatte Birgit das üble Gebräu anstandslos getrunken, wahrscheinlich, weil sie so durcheinander gewesen war. Jürgen habe sie daraufhin beruhigt, sich bei ihr entschuldigt und sie soweit gebracht, dass sie an diesem Tag nicht zur Arbeit ging, sondern im Bett blieb und ausruhte. Anschließend habe er so lange gewartet bis sie eingeschlafen war, dann habe er sie in die Küche getragen, mit dem Kopf in den Backofen gesteckt und den Gashahn aufgedreht. Damit das Gas nicht in die ganze Wohnung dringen konnte, habe er dann noch alle Türen verschlossen und sei gegangen. Als er mittags zurückkam, war Birgit tot. Nachdem er sich dessen versichert hatte, habe er den Gashahn zugedreht, die Tote ins Schlafzimmer getragen und aufs Bett gelegt. Da es in der Küche noch stark nach Gas roch, habe er nicht gewagt, den Nachbarn sofort um Hilfe zu bitten, sondern sich entschlossen, bis zum Abend zu warten. In der Zwischenzeit habe er die Küche gelüftet. Anschließend sei alles so verlaufen, wie er es bereits zu Protokoll gegeben habe.

Obschon sein Verteidiger versucht hatte, die Tat als Totschlag darzustellen, wurde Jürgen Martin wegen vorsätzlichen Mordes von einem Berliner Gericht zu einer lebenslangen Haftstrafe verurteilt.

Kapitel 5

An der Handschrift zu erkennen

Kindsmord in Newcastle – Die Stunde des Graphologen

Die Arbeitersiedlung im Norden der englischen Industriestadt Newcastle stammte noch aus dem letzten Jahrhundert. Die grauen Fassaden der Häuser spiegelten das düstere und entbehrungsreiche Leben der Arbeiter wieder. Seitdem viele Kohlegruben und Hüttenwerke geschlossen hatten, war die Arbeitslosenquote hier rapide angestiegen; mittlerweile lag sie weit über dem Durchschnitt in der Grafschaft. Die Bewohner des Newcastler Stadtteils waren Inder, Pakistani, Chinesen, Iraker und Engländer. Diese Melange spiegelte das gesamte kulturelle Spektrum des einstigen britischen Empires. Doch die auf engem Raum zusammenlebenden Volksgruppen bildeten keine wohlgemischte multikulturelle Gesellschaft. Im Gegenteil, jede ethnische Gruppe besaß ihren eigenen Mittelpunkt, traf sich in eigenen Pubs und kaufte in eigenen Geschäften ein. Ein kultureller Austausch fand selten statt.

Die intensivsten interkulturellen Begegnungen entstanden zwischen den Banden der zumeist arbeitslosen Jugendlichen, die sich zum Teil blutige Kämpfe lieferten. Drogenkonsum und Kriminalität waren unter ihnen höher, als irgendwo sonst in der Grafschaft. Wer es sich leisten konnte – und das waren wenige –, versuchte in andere Bezirke zu ziehen.

Und doch gab es Menschen, die neu hinzuzogen – nicht weil es ihnen in der Siedlung gefiel, sondern weil es der Stadt gelungen war, auf dem Gelände eines Hüttenwerkes ein Chemieunternehmen anzusiedeln, das Arbeitsplätze bot und qualifizierte Fachkräfte suchte.

Einer dieser Neuankömmlinge war Robert Darkham. Erst vor einem halben Jahr hatte er mit seiner Frau Martha und seinem achtjährigen Sohn Owen hier eine Wohnung angemietet. Darkham selbst arbeitete in der Chemiefabrik, Martha hatte eine Halbtagsstelle als Kassiererin in einem nahe gelegenen Supermarkt gefunden, und Owen ging auf die örtliche Grundschule. Da beide Eltern berufstätig waren, war Owen für sein Alter bereits sehr selbstständig. Er hatte die Schulumstellung gut verkraftet, konnte dem Unterricht mühelos folgen und hatte bereits einige neue Freunde gefunden.

An Nachmittag des 27. Juli hatte er sich mit seinen Klassenkameraden Peter und Malcolm verabredet. Sie wollten bei Malcolm spielen, was bedeutete, dass Owen einen etwa ein Kilometer langen Weg über eine Straße zurückzulegen hatte, auf der bis etwa 19 Uhr reger Verkehr herrschte. Diese Straße führte auch an einem Spielplatz und an dem Supermarkt vorbei, in dem Martha Darkham arbeitete.

Wie sich später herausstellte, hatten die Jungen an diesem Tag nur kurz miteinander gespielt. Schon bald hatten sie sich gestritten. Der Streit war in eine Prügelei ausgeartet, und danach war jeder allein nach Hause gegangen.

Martha, die davon natürlich nichts wusste, hatte nach Arbeitsschluss um 18 Uhr vor dem Supermarkt auf ihren Sohn gewartet. In den Ferien hatte er sie oft dort abgeholt. Da Martha wusste, dass er am Nachmittag zu Malcolm hatte gehen wollen, war sie sicher, dass er auf dem Rückweg bei ihr vorbeikommen würde, zumal er gewiss sein konnte, dass sie ihm in diesem Fall ein Eis spendieren würde. Nachdem Martha jedoch eine halbe Stunde vergeblich gewartet hatte, machte sie sich auf den Heimweg. Gegen 18.45 Uhr kam sie zu Hause an. Sie rief nach Owen, doch er war nicht da. Martha war zwar erstaunt, machte sich aber zunächst keine Sorgen, sondern bereitete das Abendbrot für sie beide vor. Robert hatte Spätschicht und würde erst gegen 1 Uhr nach Hause kommen.

Als Owen eine Stunde später noch immer nicht eingetroffen war, wurde Martha langsam unruhig. Nach einer weiteren Stunde hielt sie es nicht mehr aus und rief bei Malcolms Eltern an. Von ihnen erfuhr sie, dass sich die Jungen gestritten hatten und Owen ihr Haus bereits um etwa 15 Uhr verlassen hatte. Wohin er gegangen war, konnten sie nicht sagen. Martha rief daraufhin bei Peters Eltern an und anschließend bei den Eltern anderer Schulfreunde von Owen. Doch niemand konnte sie beruhigen, keiner hatte Owen gesehen oder wusste, wo er war. In ihrer Verzweiflung rief Martha ihren Mann auf der Arbeit an – inzwischen war es bereits nach 22.30 Uhr. Ihr war klar, dass ihr Mann nicht mehr tun konnte, als sie selbst, doch sie brauchte seinen Beistand. Als er hörte, was passiert war, versprach er, sofort nach Hause zu kommen.

Gemeinsam gingen die Darkhams den Weg ab, von dem sie vermuteten, dass ihr Sohn ihn an diesem Tag genommen hatte. Sie suchten Owen überall, selbst unter den Büschen in dem kleinen Park gleich hinter dem Spielplatz, doch ihre Suche war ergebnislos. Owen blieb verschwunden. Robert und Martha sprachen auch Passanten an und redeten mit den zum Teil unter Alkohol- oder Drogeneinfluss stehenden Jugendlichen, die sich in dem Regenhäuschen auf dem Spielplatz versammelt hatten. Doch den schlanken Jungen mit den blonden Haaren, den blauen Augen, der verwaschenen Jeans mit dem großen Flicken auf den Knien und der roten Windjacke hatte niemand gesehen. Martha konnte ihre Tränen kaum noch zurückhalten. Sie war verzweifelt, mutlos und wusste nicht, was sie noch tun sollte. Robert war äußerlich gefasster, obwohl es ihm ähnlich erging. Er versuchte, sich zusammenzureißen und seine Sorgen nicht offen zu zeigen. Nachdem er die Situation noch einmal kurz überdacht hatte, ging er mit seiner Frau zur Polizei.

Die Beamten versuchten das Ehepaar zu beruhigen. Ihrer Erfahrung nach verschwanden Jungen nicht so schnell. Meistens trieben sie sich irgendwo herum und vergaßen dabei leicht die Zeit. Wahrscheinlich säße Owen schon längst zu Hause vor dem Fernseher oder läge müde vom Herumtoben im Bett, während sie sich unnötige Sorgen machten. Ohne ein Protokoll aufzunehmen, schickten die Beamten die Darkhams nach Hause.

Doch die Beamten hatten sich geirrt. Owen war nicht zu Hause. Und es gab auch keine Anzeichen dafür, dass er in der Zwischenzeit in der Wohnung gewesen war.

Robert rief daraufhin sofort wieder bei der Polizei an und verlangte, dass etwas unternommen werde. Der Revierleiter versprach, zwei Beamte loszuschicken, um die Nachbarschaft abzusuchen. Gleichzeitig erhielten die Streifenwagenbesatzungen den Auftrag, nach einem Jungen Ausschau zu halten, der auf Owens Beschreibung passe.

Als Owen gegen 5 Uhr immer noch nicht zu Hause war, und weder die ausgeschickten Beamten noch die Streifenwagenbesatzungen ihn gefunden hatten, begann auch der Reviervorsteher sich Sorgen zu machen. Er informierte seine vorgesetzte Dienststelle und bat die Eltern auf die Polizeiwache zu kommen, um den Vorfall zu Protokoll zu nehmen.

Um 9 Uhr startete die Polizei eine ausgedehnte Suchaktion. Zahlreiche Beamte sprachen mit Geschäftsleuten in den Läden entlang der Straße, die Owen am vorangegangenen Tag entlang gegangen sein musste. Darüber hinaus wurden Passanten befragt, Anwohner vernommen, Owens Lehrer und Mitschüler sowie deren Eltern verhört. Doch niemand konnte ihnen hilfreiche Informationen liefern. Nach dem Streit mit seinen Freunden war Owen nicht mehr gesehen worden.

Im Laufe des Nachmittags hatte sich die Geschichte von dem vermissten Jungen im gesamten Stadtteil herumgesprochen. Immer mehr Leute beteiligten sich an der Suchaktion. Wildfremde Menschen sprachen den Eltern Mut zu. Die kulturellen Schranken schienen in diesem Moment vergessen. Das einzige, was jetzt zählte, war die Sorge um den Sohn der Darkhams.

Im Laufe des Tages dehnte die inzwischen formierte Sonderkommission die Suche vom reinen Wohngebiet auf die umliegenden Gelände mit den stillgelegten Fabriken und Hütten aus. Obwohl sie die Hilfe der Anwohner dabei gut gebrauchen konnten, hatten die Beamten Mühe, die große Zahl der Freiwilligen sinnvoll einzusetzen.

An allen Ausfallstraßen wurden Straßensperren errichtet. Jeder Wagen wurde nach dem vermissten Jungen durchsucht. Die Verantwortlichen arbeiteten fieberhaft an dem Fall, denn sie wussten, dass die Chancen, Owen lebend zu finden, rapide sänken, wenn der Junge nicht innerhalb der nächsten 24 Stunden auftauchte.

Im Laufe der Nacht brach Martha zusammen, nur eine Beruhigungsspritze konnte ihren angespannten Nerven Linderung verschaffen. Als sie am nächsten Tag gegen 10 Uhr erwachte, musste man ihr mitteilen, dass die Lage unverändert war. Von Owen fehlte weiterhin jede Spur.

Inzwischen hatte man auch Fernsehen, Presse und Rundfunk in die Suche einbezogen. Die Sonderkommission wurde daraufhin mit Anrufen überhäuft. Aktenordner auf Aktenordner wurden mit vermeintlichen Hinweisen gefüllt. Gleich drei Beamte mussten abgestellt werden, um die einkommenden Meldungen zu sichten und die Spreu vom Weizen zu trennen.

Das Ergebnis war ernüchternd. Obwohl die Polizei hunderten von Spuren nachgegangen war und etliche Hektar Grund abgesucht hatte, blieb der Junge verschollen. Nach einer Woche hektischer Suche glaubte niemand, dass man Owen noch lebend finden würde, selbst Martha nicht, die mittlerweile von einer Psychologin betreut wurde.

Nach zehn Tagen wurde die großflächige Suchaktion eingestellt. Jetzt arbeitete die Sonderkommission daran, den zahlreichen Hinweisen nachzugehen, die in all den Tagen eingegangen waren. Die Aktenordner, in denen man sie gesammelt hatte, füllten inzwischen fast ein ganzes Zimmer.

Doch erst nach drei Wochen ging ein wirklich konkreter Hinweis ein. Einer Joggerin war in einem Waldstück an der Autobahn nach Birmingham ein großer, verschlossener Pappkarton aufgefallen. Da sie aus dem Fernsehen von der

Suche nach dem vermissten Jungen wusste, alarmierte sie die Polizei.

Die ersten Polizisten, die am Fundort eintrafen, waren Beamte der örtlichen Dienststelle. Sie begutachteten den verdächtigen Gegenstand, einen gewöhnlichen Umzugskarton, der über und über mit Klebeband umwickelt worden war, genauer. An den wenigen Stellen, wo das Band die Pappe nicht abdeckte, war der Karton durch Regen und Feuchtigkeit aufgeweicht worden. Einer der Polizisten schob eine aufgeweichte Ecke vorsichtig mit einem Stock zurück und erkannte den Zipfel einer Plastiktüte oder -plane im inneren des Kartons. Ohne sonst etwas zu berühren oder dem Fundort zu nahe zu kommen, informierte er anschließend sofort sein Revier. Der leitende Beamte, war unschlüssig, was zu tun sei; er ging daher den sichersten Weg und gab die Verantwortung an die zuständige Kriminaldienststelle weiter. Daraufhin fuhren zwei Kriminalbeamte mit einer Mannschaft der Spurensicherung zum Fundort. Der Karton wurde sichergestellt und zum Öffnen ins Polizeilabor gebracht. Die Sorgfalt, mit der die Beamten vorgingen, war von der Verantwortung geprägt, die die inzwischen landesweite Suche nach dem verschollenen Jungen ihnen auferlegte.

Im Labor wurde der Karton vorsichtig geöffnet. Er enthielt neben einigen zerknüllten Zeitungen, mit denen er gepolstert worden war, ein in große schwarze Plastiksäcke gehülltes Paket, dessen Form nichts Gutes ahnen ließ. Nachdem die Plastiksäcke sorgfältig durchtrennt worden waren, kam – wie die Beamten es bereits befürchtet hatten – eine nackte Jungenleiche zum Vorschein. Da sie gut verpackt auf dem kühlen Waldboden gelegen hatte, war die Verwesung nur langsam vorangeschritten und hatte noch keine nennenswerten Spuren hinterlassen.

Schon nach einer kurzen Begutachtung war den Beamten klar, dass es sich um Owen handelte. Spätere labortechnische Untersuchungen bestätigten das erste optische Ergebnis.

Als die Darkhams von dem Fund erfuhren, brach Martha völlig zusammen und musste in eine Klinik eingeliefert werden.

Inzwischen hatte die Grafschaftspolizei die Leitung des Falls übernommen. Ihre Untersuchungen ergaben, dass der Junge mit einem wollenen Gegenstand, einem Schal oder einem Pullover, der ihm auf den Mund gepresst worden war, erstickt wurde. Im Mund, an den Zähnen und in der Luftröhre befanden sich kleine braune Wollfäden. Am Hals gab es Würgemale, die jedoch nicht zum Tod geführt hatten. Die unnatürliche Erweiterung des Afters ließ darauf schließen, dass der Junge sexuell missbraucht worden war. Sperma wurde in und am After jedoch nicht gefunden. Entweder war der Täter bei seiner Handlung gestört worden oder er hatte aus anderen Gründen seine Lust nicht ausleben können. Sonstige äußere oder innere Verletzungen wies der Körper nicht auf. Ebenso wenig wurden Spuren gefunden, die einen späteren DNA-Vergleich ermöglicht hätten.

Ähnlich ergebnislos verlief die labortechnische Untersuchung des Pappkartons und der Verpackungsmaterialien. Das Plastikklebeband war ein billiges und häufig verwendetes Produkt; es konnte in jedem Supermarkt gekauft werden. Desgleichen verhielt es sich mit den Plastiksäcken. Weder hier noch dort konnten Fingerabdrücke oder sonstige Spuren sichergestellt werden. Der Karton entpuppte sich wie vorhergesehen als handelsüblicher Umzugskarton. Auch hierauf wurden keinerlei Fingerabdrücke entdeckt. Das einzig verwertbare Merkmal waren drei handschriftlich aufgebrachte Ziffern, 978. Sie waren mit einem dicken, schwarzen Filzschreiber auf den Deckel des Kartons geschrieben worden.

Eine weitere, wenn auch ebenso wenig konkrete Spur enthielten die Zeitungen, die der Täter zum Ausstopfen des Kartons benutzt hatte. Es waren zehn verschiedene Ausgaben der *Sun*, eine große landesweite Tageszeitung, vergleichbar mit der deutschsprachigen *Bild*. Die Ausgaben stammten aus den letzten drei Monaten. Wo sie gekauft worden waren, ließ sich nicht feststellen, da es keinen Regionalteil gab und die Zeitung zudem zentral in London gedruckt wurde. Verwertbare Fingerabdrücke konnten auch hier nicht sichergestellt werden. Die einzige Besonderheit waren drei Seiten mit zum Teil gelösten Kreuzworträtseln darauf. Die Rätsel waren mit Kugelschreiber in einer ungelenken Schrift ausgefüllt worden. Da sich die *Sun* als Massenblatt vornehmlich an die weniger anspruchsvolle Bevölkerung richtete, war der Schwierigkeitsgrad der Rätsel gering. Trotzdem war keins davon gänzlich gelöst worden. Aus der Schrift des Raters und der Menge der gelösten Rätselteile konnte geschlossen werden, dass die Person, die sich daran versucht hatte, keinen besonders hohen Intelligenzquotienten besaß und nur wenige schriftliche Arbeiten verrichtete.

Natürlich wussten die Ermittler, dass der Rätselrater nicht der Täter sein musste, aber es bestand zumindest die Möglichkeit, dass er mit diesem bekannt oder verwandt war. Zudem war es die einzige Spur, die die Beamten verfolgen konnten.

Da der Fall durch die starke Öffentlichkeitswirkung eine besondere Dimension angenommen hatte, zog man einen forensisch ausgebildeten Schriftsachverständigen aus London zur Unterstützung heran.

Dr. Frederic McPherson arbeitete noch nicht lange am Forensischen Institut in London. Er war jung, dynamisch und einfallsreich, vor allem aber ließ er sich durch Titel nicht einschüchtern. Er hatte in Cambridge und Boston Chemie studiert und in Kalifornien promoviert. Dort hatte er auch sein besonderes Interesse an den forensischen Wissenschaften entdeckt. Dr. McPherson hatte an mehreren Universitäten Kurse besucht, die sich mit verschiedenen Gebieten der Forensik beschäftigten, und sich schließlich auf Schriftkunde spezialisiert. Der Grund, warum seine Vorgesetzten ihn trotz seines geringen Alters und seiner dementsprechend geringen Erfahrung mit den Untersuchungen betrauten, war jedoch nicht seine fachliche Kompetenz, sondern der Umstand, dass Ferienzeit und er der einzig verfügbare forensische Schriftkundler war.

Während McPherson in seinem Londoner Büro die Schrift des Rätselraters untersuchte, lief die Fahndung nach dem Täter weiter auf Hochtouren. Plakate, auf denen der Umzugkarton, das Verpackungsmaterial sowie die Zeitungen mit den gelösten Kreuzworträtseln abgebildet waren, wurden in den Polizeirevieren, an Bus- und Bahnhöfen sowie in Supermärkten und öffentlichen Gebäuden ausgehängt. Die gleichen Bilder wurden in örtlichen und überregionalen Presseerzeugnissen abgedruckt und im Fernsehen gezeigt. Die Reaktionen waren jedoch enttäuschend. Es gingen nur wenige Hinweise ein, die für die Ermittlungen allesamt uninteressant waren. Sie bezogen sich fast ausschließlich auf Hersteller und Vertreiber der Umzugkartons und des Plastikbands, die den Ermittlungsbeamten jedoch längst bekannt waren.

In der Zwischenzeit hatte McPherson jedoch herausgefunden, dass sich die ihm vorliegenden Schriftproben für weitere Nachforschungen eigneten. Die Eintragungen waren zweifellos von derselben Person vorgenommen worden. Die Eindrücke, die der dazu verwendete Kugelschreiber im Papier hinterlassen hatte, waren gleich tief, die Menge des Farbstoffes, der beim Schreiben auf dem Papier haften geblieben war, war an allen Stellen identisch. Auch wenn die Buchstaben in Blockschrift und versal geschrieben worden waren, so wiesen sie doch genügend charakteristische Merkmale auf, um den Schreiber identifizieren zu können. Auffällig war, dass die Ausformungen der Buchstaben und der Schreibdruck eher auf eine Frau, als auf einen Mann als Schreiber schließen ließen. Doch es wurde ja bereits vermutet, dass der Rätselrater nicht mit dem Täter identisch sein musste.

McPherson fuhr nach Newcastle und teilte seine Ergebnisse den dort stationierten Beamten mit. Anschließend richtete er sich bei der Sonderkommission, die in einem Haus in der Nähe der Darkhamschen Wohnung untergebracht worden war, einen kleinen Arbeitsraum mit Labor ein.

Bei der Dienstbesprechung am nächsten Morgen unterbreitete McPherson den Beamten seinen Vorschlag für die weiteren Ermittlungen. Er basiere auf zwei Arbeitsschritten, brachte Schritt eins keine Ergebnisse, musste zu Schritt zwei übergegangen werden. Auch wenn keiner der versammelten Ermittlungsbeamten es aussprach, hielten sie McPherson sämtlich für einen naiven Theoretiker, dem jeder Sinn fürs Praktische fehlte. McPherson ließ sich durch ihre unterschwelligen Anspielungen jedoch nicht entmutigen. Vielmehr konfrontierte er die Beamten mit den Resultaten, die sie bisher erzielt hatten, und mit den Konsequenzen, die sich für alle Beteiligten ergeben würden, wenn sie seinen Vorschlägen nicht folgten. Letzteres brachte schließlich den Durchbruch. Auch wenn sich keiner der Beamten mit McPhersons Vorschlägen anfreunden konnte, so wollten sich doch alle gegen den allgemeinen Pressetenor wehren, der ihnen Versagen und Unfähigkeit attestierte.

Da die von McPherson geplanten Ermittlungsschritte die Kompetenzen der Sonderkommission sprengten, besprach der Leiter der Kommission die Lage mit dem Chef der Grafschaftspolizei. Auch dieser beugte sich den Vorschlägen McPhersons entgegen seiner eigenen Überzeugung, da auch er dem Druck, der ihm von Seiten der Öffentlichkeit auferlegt wurde, zumindest Handlungswillen entgegensetzen wollte.

Die nun einsetzende Ermittlungswelle, die während der nächsten Wochen und Monate in unverminderter Stärke anhielt, zählt zu den größten und umfangreichsten die Großbritannien je gesehen hat.

Als Ausgangsmaterial stellte McPherson in seinem winzigen Arbeitsraum einen kurzen Text zusammen, der die signifikantesten Merkmale der von ihm analysierten Schrift berücksichtigte. Inhaltlich hatte dieser Text rein gar nichts mit dem vorliegenden Fall zu tun, so dass niemand, der die Zeilen las, erkennen konnte, was damit beabsichtigt war. Jeder verfügbare Beamte wurde mit einer Kopie dieses Textes ausgerüstet und beauftragt, von Haus zu Haus zu ziehen, um von den jeweiligen Bewohnern handschriftliche Kopien eben dieses Textes zu fordern. Fast alle Befragten gaben, unabhängig von Rasse und Herkunft, bereitwillig eine Schriftproben ab, nachdem ihnen erklärt wurde, dass sie der Identifizierung von Owens Mörder dienten. Einbezogen in diese Aktion wurden nicht nur die Anwohner des Newcastler Stadtviertels, in dem Owen gewohnt hatte, und Bewohner angrenzender Bezirke, sondern auch Taxifahrer, Busfahrer, Kneipenbesitzer und Bedienungen sowie die Inhaber aller Geschäfte in diesem Gebiet und deren Angestellte. Die wenigen Personen, die eine Schriftprobe verweigerten, wurden erfasst und eingehender überprüft.

Es dauerte drei Wochen, bevor alle Schriftproben eingesammelt waren. Im Hauptquartier der Sonderkommission hatte McPherson inzwischen ein Team von Beamten und Sekretärinnen soweit ausgebildet, dass sie die besonderen Merkmale der Buchstaben erkennen und Schriften, die jener des Rätselraters ähnelten, aussortieren konnten, um ihn bei der Analyse zu unterstützen. Das Team arbeitete in vier Schichten rund um die Uhr. Und trotzdem schienen die Berge von Schriftproben, die täglich hereinkamen und im Flur der Einsatzzentrale gestapelt wurden, nicht abnehmen zu wollen.

Parallel dazu forschte die uniformierte Polizei mit klassischen Methoden weiter nach dem Mörder: Alle schon einmal durch Sexualdelikte an Kindern bekannt gewordenen Personen wurden vernommen und auf ihr Alibi hin überprüft.

Nach knapp zwei Monaten war abzusehen, dass die Schriftprobenanalyse ebenso wenig Erfolg brachte, wie die Einvernahme der Sexualtäter. McPherson ließ sich dadurch noch immer nicht entmutigen. Er setzte sich gegen den Widerstand vieler erfahrener Ermittlungsbeamter durch und startete die zweite Phase seines Plans. Das von ihm ausgebildete und inzwischen routinierte Ermittlungsteam wurde nun ausgesandt, um in Rathäusern, Passämtern und Kraftfahrzeugmeldestellen Anmeldeformulare auf verdächtige Handschriften hin zu überprüfen. Es war eine gigantische Aufgabe, die ebenso viel Arbeitskraft wie Zeit verschlang. Die Ermittlungsbeamten benötigten zudem immer wieder lange Pausen, um ihre Arbeit mit der nötigen Aufmerksamkeit verrichten zu können.

Dementsprechend viel Ausdauer und Stehvermögen war vonnöten. McPherson besaß beides, und er wurde nach Monaten konzentrierter Arbeit belohnt. Seit Beginn der Aktion waren etwa fünf Monate vergangen, als ein Beamter mit der Kopie eines Anmeldeformulars vom Einwohnermeldeamt in sein Arbeitszimmer kam. McPherson erkannte darauf die charakteristischen Schriftmerkmale des Rätselraters auf den ersten Blick. Wie er vermutet hatte, handelte es sich um eine Frau. Sie hieß Mary Readings, war 55 Jahre alt, und wohnte laut Formular in der Cliften Road 17. Die daraufhin umgehend eingeleiteten Ermittlungen ergaben, dass Mrs. Readings nur während der Wintermonate von Oktober bis Mai in der dortigen Wohnung lebte, den Rest des Jahres arbeitete sie als Saisonkellnerin in Swansea am Bristol Kanal.

Mrs. Readings wirkte völlig überrascht, als sie zwei Polizisten an ihrem Arbeitsplatz in Swansea verhafteten. Die Beschuldigungen, sie könne in den Mord an dem achtjährigen Owen verwickelt sein, wies sie als absurd zurück. Mrs. Readings war eine resolute Frau. Sie ließ sich durch die vernehmenden Beamten nicht einschüchtern und blieb bei ihrer Aussage. Bereitwillig gab sie eine Schriftprobe ab. Sie stimmte mit den Buchstaben in den Kreuzworträtseln überein. Und als Mrs. Readings mit diesem Ergebnis konfrontiert wurde, änderte sie ihre Behauptung, sie habe mit dem Mord nichts zu tun, nicht.

Ihre Vernehmung hatte darüber hinaus Folgendes ergeben: Mrs. Readings wohnte während ihres Aufenthaltes in Swansea bei ihrer Tochter Sally Readings und deren Lebensgefährten Hank Weston. Sie erwarb regelmäßig die Sun und löste die Kreuzworträtsel während ihrer Arbeitszeit, wenn sie nichts zu tun hatte. Bei ihrer Tochter wurden die Zeitungen im Keller gesammelt, bis sie im Winter zum

Befeuern des Ofens verwendet wurden. Manchmal entsorgte sie auch der Lebensgefährte ihrer Tochter, aber das kam nur alle Jubeljahre einmal vor. Ihre eigene Wohnung suchte Mrs. Readings während der Sommermonate nicht auf. Dazu war sie viel zu beschäftigt und in ihrer Freizeit auch zu müde. Wenn etwas zu erledigen war, tat ihre Tochter das für sie. Zuweilen nutzte auch deren Lebensgefährte die Wohnung. Er arbeitete als Vertreter für einen Lebensmittelgroßhändler und bereiste die gesamte Provinz. Wenn er in der Nähe von Newcastle war, blieb er meistens über Nacht in Mrs. Readings' Wohnung.

Auf der Grundlage dieser Aussage wurde auch Mrs. Readings' Tochter vernommen. Sie gab an, in der fraglichen Zeit nicht in der Wohnung ihrer Mutter gewesen zu sein. Sie konnte auch nachweisen, dass sie Swansea in dem Zeitraum, in dem Owen ermordet worden war, nicht verlassen hatte. Ansonsten bestätigte sie die Aussagen ihrer Mutter. Zu ihrem Lebensgefährten befragt, gab sie an, dass sie seit zwei Jahren mit ihm zusammen wohne, er aber durch seinen Beruf viel unterwegs sei und sie sich daher meist nur an den Wochenenden sahen. Ob er zur fraglichen Zeit in der Wohnung ihrer Mutter übernachtet habe, wisse sie nicht, da sich sein Reiseplan oft kurzfristig ändere. Überhaupt sei ihr Verhältnis zu ihm schon seit einiger Zeit recht gespannt, so dass sie immer weniger miteinander sprächen und sie auch überlege, sich von ihm zu trennen. Nach dem Grund hierzu befragt, gab sie an, dass Weston eine übertriebene Zuneigung zu Kindern an den Tag lege, die sie mehr und mehr abschrecke. In Schwimmbädern bewundere er beispielsweise immer die schlanken Körper kleiner Jungen, was ihr peinlich sei. Die Frage, ob Westen ihres Wissens nach schon einmal körperlichen Kontakt zu solchen Jungen gehabt hatte, verneinte sie.

Aufgrund dieser Aussage wurde ein Haftbefehl gegen Hank Weston ausgeschrieben und die Fahndung nach ihm eingeleitet.

Noch am Abend desselben Tages wurde er in Cardiff verhaftet. Er leistete keinen Widerstand, wirkte aber nervös und zerstreut.

Weston war von mittelgroßer Statur, schlank und attraktiv. Besonders auffällig waren seine weichen, wenig männlich wirkenden Gesichtszüge und sein unsteter Blick, der es ihm nicht erlaubte, anderen in die Augen zu sehen oder seinen Blick auf ein Objekt zu konzentrieren.

Bei einer ersten Vernehmung gab Weston an, sich in der Woche, in der Owen getötet worden war, in Cheltenham aufgehalten zu haben. Er habe dort in einer Pension gewohnt. Eine Rückfrage bei der Pensionsinhaberin Mrs. Meed bestätigte, dass Weston ein Zimmer für eine Woche gebucht und bezahlt hatte, dass aber das Bett an zwei Tagen nicht benutzt worden war. Um welche Tage es sich handelte, konnte Mrs. Meed nicht mehr sagen. Daraufhin wurden noch einmal die Personen vernommen, die in der Nähe von Mrs. Readings Newcastler Wohnung lebten. Auf direkte Nachfrage hin konnte sich eine Nachbarin daran erinnern, dass Weston am Tag vor Owens Verschwinden dort genächtigt hatte. Sie konnte sich deshalb so genau daran erinnern, weil ihr Mann am gleichen Tag Geburtstag gehabt hatte. Auf die Frage, warum sie dies nicht bereits bei ihrer ersten Vernehmung zu Protokoll gegeben habe, zuckte sie nur die Schultern und sagte, dass der Beamte sie damals nur gefragt habe, ob sie wisse, wo Mrs. Readings sich aufhalte, und diese Frage habe sie wahrheitsgemäß beantwortet; an Weston habe sie zu diesem Zeitpunkt überhaupt nicht gedacht. Darüber hinaus konnten sich zwei Supermarktbesitzer erinnern, Weston an dem

Tag vor dem Verschwinden des Jungen und auch am gleichen Tag gesehen zu haben. Sie kannten ihn gut, da er sie regelmäßig mit Waren belieferte. Eine Verwechslung hielten sie für ausgeschlossen.

Bei seiner zweiten Vernehmung wirkte Weston zwar gefasster, aber immer noch nervös. Als er mit den neu ermittelten Fakten konfrontiert wurde und ihn der vernehmende Beamte aufforderte, die Unstimmigkeiten zu erklären, verweigerte er die Aussage und bestand auf einen Anwalt.

Dieser überzeugte Weston davon, dass sich ein umfassendes Geständnis vor Gericht günstig für ihn auswirken würde. Bei seiner dritten Vernehmung gestand Weston die Tat. Der Junge hätte schon seit längerem seine Aufmerksamkeit erregt. Seine Vertreterbesuche in der Gegend habe er zeitlich bald so abgestimmt, dass er den Jungen auf seinem Schulweg begegnen konnte. Zuerst habe er ihn nur beobachtet. Er sei von seiner schlanken Figur, seinen blonden Locken und seinen grazilen Bewegungen fasziniert gewesen. Doch bald wollte er mehr. Behutsam habe er begonnen, Kontakt zu Owen aufzunehmen. Er habe ihn zunächst um eine Auskunft gebeten. Danach sei er öfter mit ihm ins Gespräch gekommen, und je länger er mit ihm zusammen war, desto intensiver wurde sein Verlangen, ihn zu berühren. Es sei wie ein Zwang gewesen, dem er nicht habe widerstehen können, erklärte Weston. Unter dem Vorwand, ihm seine Modellautosammlung zu zeigen, habe er Owen dann am Tag seines Verschwindens in Mrs. Readings' Wohnung gelockt. Hier habe er den Jungen veranlasst, sich auszuziehen. Als er dann Sex mit ihm hatte haben wollen, habe der Junge angefangen zu schreien. Er, Weston, habe daraufhin nach seinem ausgezogenen Pullover gegriffen und ihm dem Jungen vor den Mund gepresst. Er habe ihn nicht töten wollen, beteuerte er, er hätte nur gewollt, dass er aufhörte zu schreien. Dieses Schreien hatte auch Westons Erregung zunichte gemacht; seine Erektion sei zurückgegangen und er habe nicht ejakuliert, erklärte er den Beamten. Als er merkte, dass der Junge tot war, habe er einen der Kartons aus seinem Wagen geholt, in denen er immer seine Warenproben aufbewahrte. Die Leiche des Jungen habe er in Müllsäcke gesteckt, die sich in Mrs. Readings' Wohnung befanden, und dann in den Karton gelegt. Die Ecken und Hohlräume habe er mit Zeitungen ausgestopft, die in rauen Mengen in der Küche gelegen hatten. Anschließend habe er den Karton mit Klebeband umwickelt und ihn an einem Ort deponiert, wo er glaubte, dass niemand ihn finden würde.

Die Ergreifung des Täters wurde in der Öffentlichkeit wie eine Sensation gefeiert. Die Medien verlangten zahlreiche Interviews und Stellungnahmen, die gedruckt, im Radio ausgestrahlt und im Fernsehen gezeigt wurden.

Der einige Monate später stattfindende Prozess erregte vergleichsweise wenig Aufmerksamkeit. Mittlerweile waren andere Sensationen in die Schlagzeilen geraten. Der Presse war die Tatsache, dass Weston zu einer hohen Haftstrafe verurteilt worden war und die Richterin ihm keine mildernden Umstände zuerkannt hatte, gerade mal einen halben Absatz wert gewesen.

Das dritte Testament – Ein Schriftsachverständiger klärt auf

Am 13. Oktober versammelte sich in einer am Starnberger See gelegenen Villa eine merkwürdige Gesellschaft. Menschen, die sich schon seit Jahren geflissentlich aus dem Weg gingen, obwohl sie nicht weit voneinander entfernt wohnten, trafen hier plötzlich zusammen. Der Anlass dafür war der Tod des Kosmetikmoguls Heinrich Bollbrück oder, genauer gesagt, dessen Testamentseröffnung, die an diesem Nachmittag in der Villa stattfinden sollte. Dass man sich hier traf, geschah auf ausdrücklichen Wunsch des Erblassers. Die Villa und der Starnberger See waren seine Lieblingsplätze gewesen, hier hatte er sich – abgesehen von seiner Firma – immer am wohlsten gefühlt. Diese eher emotionalen Gründe hatten Bollbrück bewogen, auch sein Testament an diesem Ort verlesen zu lassen.

Für Dr. Friedrich Grünebach, Anwalt, Notar und Rechtsbeistand des Verstorbenen, wäre ein Termin in seiner Kanzlei am Rathausplatz in München günstiger gewesen. Für seine Sekretärin war es ziemlich mühsam gewesen, seinen prallen Terminkalender so umzuorganisieren, dass ausreichend Zeit für eine Fahrt nach Starnberg heraussprang – aber natürlich hatte man den Willen des Verstorbenen respektieren müssen.

Bollbrücks Tod hatte jedermann überrascht. Zwar war Bollbrück schon seit längerer Zeit wegen Herzproblemen in Behandlung gewesen, und sein hoher Blutdruck konnte nur mithilfe von Tabletten auf einem akzeptablen Wert gehalten werden, doch niemand hätte gedacht, dass er so bald und nur innerhalb eines halben Tages sterben würde. Am

Morgen hatte er noch wie gewohnt sein Frühstück eingenommen. Kurz danach klagte er über Unwohlsein und war wieder ins Bett gegangen. Und am Mittag, als seine Frau nach ihm sah, lag er bereits tot im Bett.

Während der Anwalt seine Papiere auf einem für diese Gelegenheit vorbereiteten Tisch im großen Salon ausbreitete, nahmen die Anwesenden Platz. Neben dem langjährigen Chauffeur Heinrich Bollbrücks, der Haushälterin, dem Pförtner der Firma, der seit der Frimengründung dort angestellt war, und Bollbrücks persönlichem Diener und Privatsekretär, waren enge Verwandte und Angehörige aus zwei Ehen anwesend.

Zu den Verwandten zählten zunächst Bollbrücks Bruder Horst sowie seine Schwester Margarethe und deren uneheliche Tochter aus München. Der Vater der jungen Dame, die inzwischen 22 Jahre alt war, war gestorben, noch bevor er Bollbrücks Nichte heiraten konnte. Jessica Bollbrück war die einzige Verwandte, die in Bollbrücks Firma arbeitete. Das Verhältnis zwischen ihr und ihrem Onkel war oft gespannt gewesen, denn Jessica hatte viele Ideen, die Bollbrück nicht umsetzen wollte, weil sie nicht mit seiner Firmenpolitik übereinstimmten. Jessica war jedoch energisch, ehrgeizig und oft auch ziemlich stur, so dass Konflikte vorprogrammiert gewesen waren.

Horst Bollbrück lebte zurückgezogen am anderen Ende des Starnberger Sees und verdiente seinen Lebensunterhalt als Holzschnitzer. Er hatte kein Interesse am Vermögen seines Bruders und war wohl der einzig Zufriedene in der Runde.

Zu den direkten Familienangehörigen gehörten zwei Söhne aus erster Ehe. Beide hatten studiert, Gerhard Kunst und Malerei, Franz Archäologie. Sowohl Gerhard als auch Franz lebten noch immer von den Zuwendungen des Vaters, nicht von eigener Arbeit.

Bollbrücks zweite Ehefrau Stefanie war Mitte 30. Ihre Beziehung zu Bollbrücks Söhnen aus erster Ehe, schien vielen besser gewesen zu sein als die zu ihrem fast 30 Jahre älteren, nun verstorbenen Mann. Stefanie lebte sehr mondän und hielt sich gerne in gehobenen Kreisen auf. Bollbrück hatte sie ein Jahr nach dem Tod seiner ersten Frau geheiratet. Der einzige Spross dieser Ehe war der fünfjährige Daniel, der zurzeit von seinem Kindermädchen betreut wurde.

Die Verlesung des Testamentes, welches Dr. Grünebach für seinen Freund Bollbrück nach dessen Anweisungen aufgesetzt hatte, überraschte alle Anwesenden. Die meisten empörte es sogar. Der Grund dafür war einfach: Das Testament widersprach jenem, das Bollbrück kurz nach dem Tod seiner ersten Frau aufgesetzt hatte, und dessen Inhalt allgemein bekannt gewesen war.

Gleich zu Beginn stellte Bollbrück klar, dass er es war, der seine Firma aufgebaut hatte, dass kein Familiemitglied ihm dabei geholfen habe und er deshalb bei der Verteilung seines Vermögens auf niemanden Rücksicht zu nehmen brauche.

Zusammengefasst ergab seine Willenserklärung Folgendes:

- Die Angestellten der Bollbrückschen Firma erhielten je nach Dauer ihres Angestelltenverhältnisses eine bestimmte Summe.
- Die Haushälterin, der Chauffeur, der Portier und Bollbrücks Privatsekretär bekamen großzügige Abfindungen.
- Horst und Margarethe Bollbrück erhielten ebenfalls eine ansehnliche Summe.
- Frank, Gerhard und Stefanie Bollbrück erhielten das gesetzlich vorgeschriebene Erbteil. Stefanie Bollbrück er-

hielt zusätzlich ein lebenslanges Wohnrecht in Bollbrücks Stadtwohnung in Bogenhausen, danach fiel diese an die Haupterbin.

- Daniel Bollbrück, der Sohn aus zweiter Ehe, erhielt einen großzügig bemessenen Betrag zur Sicherung seiner Erziehung und Ausbildung. Mit der Verwaltung dieses Geldes wurde Dr. Grünebach betraut. Sollte Daniel sich später entscheiden, in die Bollbrücksche Firma einzutreten, würde er mit 25 Jahren zudem die Hälfte der Firma erben.
- Das restliche Vermögen, die Villa am Starnberger See sowie die zweite Hälfte der Firma ging an die hauptsächliche Nutznießerin des Testaments, Bollbrücks Nichte Jessica.

Die weniger begünstigten Familienmitglieder waren empört. Der älteste Sohn Franz protestierte gegen das Testament und erklärte es für ungültig. Er behauptete, sein Vater habe noch kurz vor seinem Tod gesagt, dass es ein anderes Testament gäbe. Wo dies aufbewahrt wurde, konnte Franz nicht sagen. Er habe sich, wie er erklärte, auch nicht sonderlich dafür interessiert, da er selbstverständlich nicht mit dem plötzlichen Tod seines Vaters gerechnet hatte. Der Notar konnte dazu nichts sagen, er wusste von keinem dritten Testament.

Franz und sein Bruder Gerhard konsultierten daraufhin einen Anwalt, um die Möglichkeiten einer Testamentsanfechtung zu klären. Sie wurden jedoch enttäuscht. Es gab keine. Bollbrücks Testament war juristisch einwandfrei. Dennoch ließen die Brüder nicht davon ab, überall zu erwähnen, dass es noch ein Testament jüngeren Datums gäbe und das von Dr. Grünebach eröffnete somit ungültig sei. Stefanie Bollbrück unterstützte diese Behauptung, ihr

Mann habe ihr gegenüber ähnliches angedeutet, erklärte sie. Zwar behauptete niemand, dass Dr. Grünebach oder Jessica Bollbrücks Testament manipuliert hätten, doch diesbezügliche Andeutungen wurden, zumindest was Jessica anbelangte, mehr als deutlich.

Franz, Gerhard und Stefanie durchsuchten daraufhin die Starnberger Villa nach dem verschwundenen Testament. Solange die erblasserischen Verfügungen juristisch noch nicht vollstreckt waren, wohnten sie noch hier, und niemand konnte sie daran hindern.

Jessica wohnte unterdessen nach wie vor in ihrer Dreizimmerwohnung in Schwabing. Sie ließ ihre Verwandten anstandslos gewähren. Sie freute sich zwar über ihr Erbteil und den Vertrauensbeweis, den ihr Onkel ihr damit geliefert hatte, doch sie wäre nicht enttäuscht gewesen, wenn sie weniger erhalten hätte. Im Gegensatz zu ihren Vettern und ihrer Stieftante hatte sie sich ihren Platz in der Welt mit viel Fleiß und Eifer erarbeitet, sie konnte gut für sich selbst sorgen.

Vier Wochen waren seit der Testamentseröffnung vergangen, als Dr. Grünebach sich plötzlich bei Jessica meldete und erklärte, dass das verschollene Testament aufgetaucht sei. Ihre Stieftante habe es zwischen den Akten ihres Mannes gefunden. Es lehne sich inhaltlich wieder jenem Testament an, das Bollbrück nach dem Tod seiner ersten Frau verfasst hatte. Demzufolge erhielt Jessica nur eine geringe Summe. Die Firma ging zu gleichen Teilen an Franz, Gerhard und Stefanie, die nach Abzug der Legate, an denen sich nichts geändert hatte, auch den Hauptteil des Vermögens erbten.

Obwohl es ihr anfänglich nichts ausgemacht hätte, wenn sie weniger geerbt hätte, war Jessica jetzt, als sie sich an die Vorstellung gewöhnt hatte, Bollbrücks Villa und die Hälfte seiner Firma geerbt zu haben, stärker enttäuscht, als sie es vermutet hätte. Ihre Frage, ob das Testament rechtens sei, beantwortete Dr. Grünebach vorsichtig. Juristisch sei es einwandfrei, erklärte er. Was ihm jedoch nicht einleuchten wollte, war, dass Bollbrück ihn über das neue Testament nicht informiert hatte. Immerhin war er, Grünebach, nicht nur sein Anwalt, sondern auch sein Freund, und Bollbrück hatte stets alle rechtlichen Belange über ihn abgewickelt. Zudem störte Dr. Grünebach, dass einige Formulierungen in der neuen Testamentsfassung nicht Bollbrücks Sprachgebrauch entsprachen. Bollbrück war ein einfacher, bodenständiger Mann ohne höhere Ausbildung gewesen, und so schien es ihm reichlich befremdlich, dass einzelne Formulierungen in der neuen Testamentsfassung eindeutig dem Sprachschatz eines Akademikers entstammten. Wenn Jessica sich einverstanden erklärte, würde er, Grünebach, das neu aufgefundene Testament daher in ihrem Namen gern überprüfen lassen.

Jessica willigte gerne ein, und so sandte Dr. Grünebach eine Kopie des Testamentes an einen Schriftsachverständigen. Diesen beauftragte er, die Echtheit des Dokuments zu überprüfen. Mit dem Testament übergab er dem Sachverständigen Proben des Briefpapiers, auf dem Bollbrück seine Privatpost zu schreiben pflegte, und den Füllfederhalter sowie die Tinte, mit denen er stets geschrieben hatte. Als Schriftproben fügte er einige handgeschriebene Briefe bei, die er von Bollbrück in den vergangenen Jahren erhalten hatte.

Auf das Ergebnis musste Dr. Grünebach einige Wochen warten. Dann aber war das Resultat selbst für ihn so verblüffend, dass er unverzüglich weitere Schritte einleitete.

Der Schriftsachverständige hatte zunächst das Papier des verdächtigen Testaments überprüft und mit den von

Dr. Grünebach eingereichten Proben verglichen. Dabei stellte sich heraus, dass die Papiersorten nicht übereinstimmten. Bollbrücks Papier enthielt Anteile an synthetischen Fasern, die im Papier des verdächtigen Testaments nicht vorkamen; außerdem waren bei der Herstellung der beiden Papiere unterschiedliche Bleichmittel verwendet worden. Die Schrift wiederum sah zwar aus wie die von Heinrich Bollbrück, aber der Druck, mit dem die Buchstaben aufs Papier gebracht worden waren, entsprach nicht dem der handgeschriebenen Briefe an Dr. Grünebach. Mit den modernen Apparaten des Labors ließen sich die unterschiedlichen Schrifttiefen einwandfrei messen und vergleichen.

Die Handschrift war gut nachgeahmt worden, doch was der Schreiber nicht bedacht hatte, war, dass einzelne Buchstaben zwar immer die gleiche Charakteristik aufweisen, aber innerhalb eines Textes niemals völlig gleich aussehen. Sie fallen einmal etwas höher, ein anderes Mal ein wenig schmaler aus, hundertprozentig gleich sind sie jedoch in den seltensten Fällen. Der Schreiber des Testaments hatte sich jedoch bemüht jeden Buchstaben nach Form und Größe gleich aussehen zu lassen. Das Testament sah dadurch eher aus wie gedruckt als wie von Hand geschrieben.

Auch die Tinte und das Schreibgerät stimmten nicht überein. Bollbrück hatte alle Schriftstücke mit einem Waterman-Füllfederhalter geschrieben, das vorliegende Testament war jedoch mit einem Montblanc verfasst worden. Die heute vorhandenen technischen Möglichkeiten erlaubten eine genaue Zuordnung der Schreibwerkzeuge zum jeweiligen Fabrikat. Ein professioneller Fälscher hätte dies berücksichtigen müssen.

Und noch ein Fehler war dem Schreiber unterlaufen. Bollbrücks Unterschrift fiel immer nach rechts unten ab.

Das tat sie jedoch nicht auf einer geraden Linie. Zog man einen Strich unter die Buchstaben, konnte man erkennen, dass sie in vier nach rechts geneigten Stufen abfiel. An oberster Stelle stand das »B«, auf der zweiten Stufe die Buchstaben »oll«, auf der dritten die Buchstabengruppe »brü« und auf der letzten die Kombination »ck«. Der Unterschied zwischen der zweiten und dritten Stufe war nur gering. Zwar hatte der Schreiber den Neigungswinkel der Unterschrift genau eingehalten und auch die Stufe eins und vier berücksichtigt, doch den feinen Unterschied zwischen zwei und drei hatte er übersehen.

Das Ergebnis des Schriftsachverständigen war eindeutig. Aufgrund der gefundenen Unterschiede zwischen den Briefen Bollbrücks und dem neu aufgefundenen Testament konnte geschlossen werden, dass das Testament eine Fälschung war. Nach Auffassung des Sachverständigen handelte es sich bei dem Fälscher um einen Amateur, der zwar ein Gefühl für Formen besaß, aber nicht über das Wissen und das Handwerkzeug eines Profis verfügte.

Das neu aufgefundene Testament wurde daraufhin für ungültig erklärt und ein Ermittlungsverfahren wegen Betrugs gegen unbekannt eingeleitet.

Die Hauptverdächtigen waren die drei Nutznießer des neu aufgefundenen Testaments. Sie wurden von der Polizei verhört, sagten jedoch einheitlich aus, dass sie mit der Fälschung nichts zu tun hätten. Auch zweifelten sie das Gutachten des Schriftsachverständigen an und gaben ein eigenes Gutachten in Auftrag.

Die Polizei nahm Hausdurchsuchungen bei den Verdächtigen vor, konnte aber weder bei Franz noch bei Stefanie Bollbrück verdächtige Spuren finden. Anders sah es bei Gerhard aus. In seiner Wohnung wurden Papier und Tinte sichergestellt, die sich bei einer späteren labortechnischen

Untersuchung als übereinstimmend mit den für das dritte Testament verwendeten Materialien erwiesen. Zudem entdeckte man bei Gerhard den Montblanc-Füllfederhalter, der zum Schreiben des Testaments benutzt worden war.

Gerhard wurde daraufhin wegen Betruges festgenommen. Die Tat gestand er jedoch erst, als man ihm anhand seiner eigenen Schriftstücke demonstrierte, dass der beim Schreiben von ihm ausgeübte Druck die gleiche Eindruckstiefe im Papier hinterließ, wie jene, die im neu aufgefundenen Testament nachgewiesen wurde. Nach seinem Geständnis behauptete Gerhard, nur das ausführende Organ gewesen zu sein, die eigentlichen Köpfe der Aktion seien Franz und Stefanie gewesen, die ihn mehr oder weniger gezwungen hätten, die Fälschung vorzunehmen.

Franz und Stefanie bestritten diese Behauptung und reichten eine Verleumdungsklage gegen Gerhard ein.

Inzwischen hatte die Polizei auch die beiden Zeugen vernommen, die die Richtigkeit der Unterschrift auf dem neu aufgefundenen Testament bezeugt hatten. Es waren zwei Angestellte aus Bollbrücks Firma. Sie wollten sich zu den Fragen der Vernehmungsbeamten zunächst nicht äußern, brachen jedoch ihr Schweigen, als sie erfuhren, dass sie der Mittäterschaft bei einem schweren Betrug angeklagt werden konnten und im Falle einer Verurteilung mit mehrjährigen Haftstrafen zu rechnen hätten.

Nach ihren übereinstimmenden Aussagen war Franz Bollbrück kurz nach der Testamentseröffnung zu ihnen gekommen und hatte ihnen ein Schriftstück mit der Unterschrift ihres verstorbenen Chefs vorgelegt. Franz hatte gesagt, dass sie mit ihrer Unterschrift nur bestätigen sollten, dass es sich um die Unterschrift ihres Vorgesetzten handelte. Den Text des Schriftstückes hatten sie nicht gelesen. Für diese Gefälligkeit hatten beide Angestellte 500 Euro erhalten.

Daraufhin wurden auch Franz und Stefanie Bollbrück verhaftet.

Ihr Versuch, sich mit einem gefälschten Testament das Vermögen und die Firma Heinrich Bollbrücks zu erschleichen, erweckte den Verdacht, dass Bollbrücks Tod möglicherweise auch die Folge eines Verbrechens gewesen war. Aufgrund dessen wurde ein Ermittlungsverfahren wegen Verdachts einer Straftat eröffnet.

Im Zuge dieses Verfahrens wurde Bollbrücks Grab geöffnet und die Leiche in die Rechtsmedizin gebracht. Bei der Obduktion konnten am Körper keine Merkmale äußerer Gewalteinwirkung festgestellt werden. Auch die Organe zeigten, bis auf das Herz, nur den altersbedingten Verschleiß. Das Herz hingegen war eindeutig angegriffen. Nur die Herztropfen, die Bollbrück von seinem Arzt verschrieben worden waren, hatten dafür gesorgt, dass es verhältnismäßig stabil schlug. Bei einer mikroskopischen Untersuchung der Blutzellen konnte kein Gift nachgewiesen werden, dafür wurde jedoch eine hohe Konzentration der Substanzen festgestellt, die in den Herztropfen enthalten waren. Sie lag weit über jener, die bei einer ordnungsgemäßen Einnahme des Medikaments zu erwarten gewesen wäre. Für den untersuchenden Pathologen stand damit fest, dass Bollbrücks Tod durch eine Überdosis seiner Herztropfen verursacht worden war.

Bei der Kriminalpolizei ging man davon aus, dass Bollbrück die Tropfen nicht versehentlich zu hoch dosiert hatte, sondern dass ihm die Überdosis durch Dritte verabreicht worden war.

Daraufhin wurde Bollbrücks ehemalige Haushälterin vernommen. Sie erklärte, dass die Herztropfen ihres Chefs immer frei zugänglich in der Küche der Villa im Medizinschrank gestanden hatten. In der Regel habe sie die vom

Arzt verschriebene Menge an Tropfen in ein Glas Orangensaft gegeben, das Bollbrück jeden Morgen zum Frühstück trank. Wenn sie viel zu tun gehabt hätte, hätte aber auch Stefanie Bollbrück diese Aufgabe schon einmal übernommen. Ihr Chef habe das, soweit sie wusste, niemals selbst getan. An seinem Todestag, so die Haushälterin, habe Bollbrück die Tropfen aller Wahrscheinlichkeit nach von seiner Frau bekommen, da sie selbst an diesem Morgen beim Zahnarzt gewesen war.

Daraufhin wurde Stefanie Bollbrück vernommen. Der Aufenthalt im Untersuchungsgefängnis hatte der an das mondäne Leben gewöhnte Frau sehr zugesetzt. Nicht nur, dass sie jeden Erbanspruch verloren hatte, sie hatte für den versuchten Betrug auch eine entsprechende Strafe zu erwarten. Diese Aussichten hatten ihre psychische Widerstandskraft so weit geschwächt, dass die versierten Vernehmungsbeamten nicht einmal eine Stunde benötigten, um ein Geständnis von ihr zu erhalten. Demzufolge hatte Stefanie sich mit ihren Stiefsöhnen zusammengetan, um ihren Mann zu töten und an sein Vermögen zu kommen. Bollbrück sei in der letzten Zeit immer knauseriger geworden und habe sich gefühlsmäßig von ihr entfernt, so Stefanies Begründung für ihre Tat. Nur der gemeinsame Sohn habe ihre Ehe noch zusammengehalten. Der Plan, Bollbrück mit seinen eigenen Herztropfen umzubringen, stammte von Franz. Stefanie habe einen Tag abgepasst, an dem die Haushälterin nicht anwesend war, und ihrem Mann die fünffache Menge an Herztropfen in seinen Saft getan. Bollbrück habe dies nicht bemerkt, da er sich wie immer auf die Morgenzeitung konzentriert und nebenbei gefrühstückt habe.

Sie, Franz und Gerhard seien aus allen Wolken gefallen, als das Testament verlesen worden war. Keiner von ihnen hatte gewusst, dass Bollbrück sein ehemaliges Testament geändert hatte. Um doch noch an den geplanten Erbteil zu kommen, hatten sie ein eigenes Testament verfasst. Franz hatte es formuliert und Gerhard in der Handschrift seines Vaters ausgeführt. Sie selbst habe es dann unter die Papiere ihres verstorbenen Mannes gesteckt. Anschließend habe sie dafür gesorgt, dass die Haushälterin zugegen war, als sie es entdeckte.

Stefanies Geständnis hatte zur Folge, dass sie und ihre Stiefsöhne nicht nur wegen versuchten Betrugs, sondern auch wegen Mordes bzw. Beihilfe zum Mord verurteilt wurden.

Kapitel 6

Schusswaffen – Die beliebtesten Mordwerkzeuge

Bandenkrieg im Rotlichtmilieu – Schusswaffenexperten ermitteln

Mehmet Yülück besaß auf der Reeperbahn in Hamburg die Bar »Ba-Ba-Lu«, den Schwulenclub »Die Schwuchtel«, das Freudenhaus »Paradies« und das Szene-Restaurant »Mehmets Spezialitäten«. Alle seine Etablissements waren gut besucht. Die Kunden stammten aus allen gesellschaftlichen Schichten. Im »Paradies« verkehrten mehr Geschäftsleute aus der City als in irgendeinem anderen Hamburger Edel-Bordell. Auch Politiker aller Parteien zählten zu den Gästen. Um sich des dauerhaften Interesses dieser Klientel sicher sein zu können, musste Yülück dafür sorgen, dass in es seinen Betrieben absolut diskret und korrekt zuging. Und das tat er ebenso entschieden wie er dafür sorgte, dass jeder Kundenwunsch widerspruchslos erfüllt wurde. Eine weitere Voraussetzung für den Erfolg seiner Lokale bestand darin, dass alle bei Yülück beschäftigten Frauen und Männer sauber und gesund waren. Jede Woche mussten sie sich einer Gesundheitskontrolle unterziehen, und niemand durfte außerhalb der Etablissements Geschlechtsverkehr haben. Ausgenommen von dieser Regelung waren die Verheirateten und diejenigen, die in einer festen Partnerschaft lebten, und das waren etwa 50 Prozent der Beschäftigten. Verstieß einer seiner Angestellten gegen dieses Verbot, dann musste deroder diejenige damit rechnen, wenig später aus dem Hamburter Hafenbecken gefischt zu werden. Bei der Polizei von St. Pauli war Yülück wohl gelitten, weil es mit seinen Etablissements keinen Ärger gab. Eine Gruppe von Türstehern sorgte dafür, dass jeder Streit im Keim erstickt wurde. Gäste, die sich nicht anständig benahmen, laut wurden oder Streit anfingen, wurden vor die Tür gesetzt. Auch Rauschgiftkonsum, egal in welcher Form, gestattete Mehmet weder seinen Mitarbeitern noch seinen Kunden. Die Gäste in Yülücks Lokalen wussten es zu schätzen, dass die Polizei nie unangemeldet dort erschien und Razzien durchführte. Yülücks Clubs und Bordelle waren für die Besucher die sichersten und anonymsten Plätze in ganz St. Pauli. Dass Yülück mit diesem Konzept durchschlagenden Erfolg hatte, belegten die enorm hohen Umsätze.

Mehmet Yülück war erst vor zehn Jahren mit Mitte 20 nach Deutschland gekommen. Er stammte aus einem kleinen Dorf im Herzen Anatoliens. Die ersten beiden Jahre hatte er in Berlin gelebt, dann war er nach Hamburg gezogen. Zunächst hatte er als Türsteher für verschiedene Bars, dann als Barkeeper und kurz darauf als Geschäftführer einer Kneipe gearbeitet. In dieser Zeit hatte Yülück ein feines Gespür für die Machtverhältnisse und unterschwelligen Aggressionen auf der Reeperbahn entwickelt. Er hatte eine schlagkräftige Truppe aufgebaut und die Rivalitäten zwischen den einzelnen Banden geschickt ausgenutzt, um sein eigenes Imperium auszuweiten. Mit Erpressungen, Drohungen und Mord hatte er es geschafft, zu einem der mächtigsten Männer auf dem Kiez zu werden.

Die finanzielle Basis von Yülücks Aktivitäten stellten seine Einnahmen aus dem Heroinhandel dar. Er verfügte über eine eigene Schmugglerorganisation, die Rauschgift aus der Türkei nach Deutschland brachte. Für den Vertrieb nutzte er nicht seine Lokale in St. Pauli, sondern ein modernes Büro in erstklassiger City-Lage.

Mehmet Yülück hätte mit seinem Leben zufrieden sein können, wenn ihm nicht von seinen Informanten bei der Konkurrenz gemeldet worden wäre, dass es Pläne gab, ihn umzubringen. Wer dahinter steckte, erfuhr Yülück nicht, er wusste nur, dass die Pläne aufgrund der Ausweitung seines Heroinabsatzmarkts gefasst worden waren. Yülück verschärfte daraufhin seine Sicherheitsvorkehrungen. Von nun an fuhr in seinem Wagen neben dem Chauffeur ein bewaffneter Leibwächter mit, darüber hinaus folgte ihm ein zweiter Wagen, in dem nochmals zwei Personenschützer saßen. Untereinander war seine Leibgarde per Funk verbunden.

Am 23. August, einem heißen Tag – in Hamburgs Innenstadt zeigten die Thermometer in den Abendstunden noch über 30°C an – fuhr Yülück von seiner Villa in Harvestehude am Bahnhof Sternschanze vorbei in Richtung Stresemannstraße. Sein Ziel war die »Ba-Ba-Lu«-Bar in St. Pauli. Wie immer bei warmem Wetter benutzte er sein Mercedes Cabrio. Ein Personenschützer saß auf dem Beifahrersitz neben dem Chauffeur, der zweite Wagen mit den beiden anderen Leibwächtern folgte nur wenige Meter hinter dem Cabrio. Die Männer hatten Yülück wegen der Morddrohung davon abgeraten, im offenen Wagen zu fahren, dieser hatte ihnen jedoch klargemacht, dass sich zu verstecken oder seine Gewohnheiten zu ändern von seinen Feinden als Zeichen von Angst und Schwäche ausgelegt würde. Das Cabrio fuhr daher wie gewohnt offen durch die Stadt.

Der Konvoi hatten die Einmündung der Schanzenstrasse auf die Stresemannstrasse fast erreicht, als der Leibwächter in Yülücks Cabrio plötzlich vor Schmerz aufschrie, sich mit der linken Hand an die Brust griff und nach vorne sackte. Der Fahrer trat das Gaspedal durch und jagte davon. Mehrfach rief er nach seinem Chef, und fragte ihn was er tun solle. Doch er erhielt keine Antwort, denn Yülück konnte nicht mehr antworten. Er war auf die linke Seite gefallen und lag reglos auf der Rückbank des Wagens. Aus einer Wunde am Hals strömte Blut.

Nachdem der Konvoi in die Stresemannstraße eingebogen war, gaben die im nachfolgenden Wagen sitzenden Leibwächter Yülücks Fahrer ein Zeichen, dass er halten solle. Wie sie später zu Protokoll gaben, hatten sie gesehen, wie Yülücks Kopf plötzlich gezuckt hatte, dann nach hinten geschnellt und ihr Chef im Zeitlupentempo auf die Sitzbank gerutscht war. Noch während der Fahrt hatte der Beifahrer des zweiten Wagens die Polizei und die Unfallrettung verständigt. Während die Männer sich noch um die Verletzten und den unter Schock stehenden Fahrer bemühten, trafen fast gleichzeitig Notarzt, Unfallwagen und Polizei ein.

Der Notarzt konnte bei Mehmet Yülück nur noch den Tod feststellen. Der Beifahrer war schwer verletzt, lebte aber noch. Er wurde sofort nach Eppendorf ins Krankenhaus gebracht. Inzwischen hatte die Polizei die Stresemannstraße teilweise gesperrt und begonnen, den Verkehr umzuleiten. Trotzdem kam es schon bald zu einem mehrere Kilometer langen Stau. Der Bereich um das Cabrio war mit Signalband abgesperrt worden, weniger um zu verhindern, dass Spuren verloren gingen, als um Neugierige fern zu halten.

Kurze Zeit später trafen auch die Kriminalpolizei, die technische Untersuchungsgruppe und ein Rechtsmediziner ein. Als Erstes untersuchten die Experten der Spurensuche das Fahrzeug. Sie stellten zwei Geschosse sicher. Eines hatte von schräg oben kommend die Rückseite des Fahrersitzes getroffen, war durch das Sitzpolster gedrungen und dann auf dem Boden liegen geblieben. Das zweite Projektil lag zwischen Beifahrersitz und rechter Vordertür. Es war stark deformiert. Weitere Spuren, die mit dem Attentat zu tun hatten, fanden die Techniker nicht.

Die Leiche wurde nun für eine erste Untersuchung des Rechtsmediziners freigegeben. Dieser stellte fest, dass der Tote von einem Schuss getroffen worden war. Er war von schräg oben hinter Yülück abgefeuert worden, im Nacken eingedrungen, am Halsansatz wieder ausgetreten und hatte dabei aller Wahrscheinlichkeit nach die Wirbelsäule durchschlagen. Der Tod musste sofort eingetreten sein. Genaueres konnte man jedoch erst nach einer Obduktion in der Rechtsmedizin sagen.

Die Kriminalbeamten hatten inzwischen Yülücks Fahrer und die beiden Leibwächter aus dem zweiten Fahrzeug vernommen. Der Fahrer hatte nicht viel mitbekommen. Er hatte lediglich den Schrei des Beifahrers gehört und gesehen, wie dieser zusammenbrach. Aus einem Reflex heraus hatte er dann den Mercedes beschleunigt, bis er von dem hinter ihm fahrenden Wagen die Weisung bekam anzuhalten.

Der Leibwächter, der auf dem Beifahrersitz des zweiten Wagens gesessen hatte, konnte genauere Angaben zum Tathergang machen. Er hatte gesehen, wie sein Chef getroffen worden war, und wusste auch, wo genau sich dessen Wagen zu diesem Zeitpunkt befunden hatte. Diese Stelle zeigte er kurz darauf einem Kriminalbeamten. Der angegebene Standort wurde mit Kreide markiert und weiträumig abgesperrt. Anschließend wurde er von den Technikern der Spurensicherung Zentimeter für Zentimeter abgesucht. Patronenhülsen oder andere Spuren, die auf einen Schützen hingewiesen hätten, der sich dort aufgehalten hatte, wurden jedoch nicht gefunden. Damit hatte aber auch niemand ernstlich gerechnet, denn nach Auskunft des Rechtsmediziners musste der Schuss aus einem der an der Straße liegenden Häuser gekommen sein. Außerdem wäre ein auf der Straße stehender Schütze während des lebhaften Berufsverkehrs unweigerlich aufgefallen, ein Risiko, das nur ein Verrückter auf sich genommen hätte.

Eine Befragung der Anwohner führte nicht weiter. Niemand hatte etwas Ungewöhnliches gesehen oder gehört.

Die Verletzungen des Beifahrers waren zwar schmerzhaft, aber nicht lebensgefährlich. Er hatte Glück im Unglück gehabt. Nach Aussagen des behandelnden Arztes, der jedoch kein Experte für Schussverletzungen war, war die Kugel, die den Beifahrer verletzt hatte, in dessen Rücken eingedrungen, hatte den rechten Lungenflügel durchschlagen und war ohne eine Rippe zu berühren aus der Brust wieder ausgetreten; anschließend hatte sie den Arm gestreift, war durch die Hand gegangen und dann im Wagen liegen geblieben. An den Wundrändern und in den Wundkanälen hatte der Arzt Spuren von Blei gefunden, die er zu Untersuchungszwecken sichergestellt hatte.

Als er wieder vernehmungsfähig war, konnte der Beifahrer jedoch keine sachdienlichen Hinweise zum Tathergang geben. Von ihm erfuhren die Kriminalbeamten lediglich, dass Yülück bereits vor der Tat informiert worden war, dass jemand plante, ihn zu ermorden.

Im Zuge der kriminaltechnischen Untersuchungen fand man heraus, dass die beiden sichergestellten Geschosse von ein und derselben Waffen abgefeuert worden waren. Es handelte sich um Projektile des Kalibers 7,62, die vielfach für NATO-Gewehre verwendet wurden. Vergleichsuntersuchungen der Markierungen auf den Geschossen ergaben, dass die Kugeln aus einem Gewehr stammten, das bei der Bundeswehr unter der Bezeichnung G 3 geführt wurde.

Eine Analyse der chemischen Bestandteile der Kugeln ergab, dass sowohl Yülücks Verletzungen als auch die seines Leibwächters von ein und demselben Geschoss verursacht worden waren. Anhand einer Rekonstruktion der Sitzpositionen der Männer und der Schusskanäle in beiden Körpern wurde deutlich, dass die Kugel zuerst Yülücks Hals durchschlagen und dann noch genügend Energie besessen hatte, um in den Rücken des Beifahrers einzudringen, seine Lunge zu durchschlagen, aus der Brust unterhalb der rechten Brustwarze wieder auszutreten, den Arm zu streifen und schließlich noch die Hand zu durchdringen. Damit stand fest, dass nur zwei Kugeln den Wagen getroffen hatten. Eine war ohne Schaden anzurichten in den Fahrersitz eingedrungen, die andere hatte gleich zwei Männer getroffen.

Mithilfe einer aufwändigen Rekonstruktion versuchte man nun, den Standort des Todesschützen zu ermitteln. Dazu präparierte man zunächst eine Puppe mit einem Loch, das dem Schusskanal entsprach, der in Yülücks Leiche festgestellt wurde. Die Puppe wurde dann in einen Wagen gesetzt, der mit Yülücks Cabrio identisch war, und zwar an eben jene Stelle, an der Yülück zur Tatzeit gesessen hatte. Dort wo der Schuss ihn getroffen hatte, wurde mit Hilfe des präparierten Schusskanals der Ort ermittelt, von dem aus der Schuss gekommen sein musste. Ein Laserstrahl, der die Verlängerung des Schusskanals vom Opfer zum Schützen markierte, deutete auf das mittlere von drei Fenstern einer leer stehenden Wohnung.

In dieser Wohnung fanden die Ermittler der Spurensicherung neben einem Pappbecher mit getrockneten Kaffeeresten auf der Fensterbank ein G-3-Gewehr und zwei dazu passende Patronen; das Gewehr war zunächst nicht identifizierbar, weil die Waffennummer abgeschliffen worden war. Außerdem entdeckten die Techniker Schuhabdrücke im Staub auf dem Boden der Wohnung. Diese Abdrückte stammten von Schuhen der Größe 46 und waren insofern interessant, als sie aufgrund ihrer spezifischen Ausprägung darauf schließen ließen, dass die dazugehörigen Schuhe jeweils an der Innenseite der Sohle weniger Profil aufwiesen als an der Außenseite. Der Träger musste also leichte X-Beine haben.

Schussversuche mit dem sichergestellten Gewehr konnten verifizieren, dass der tödliche Schuss aus eben dieser Waffe abgefeuert worden war. Die Markierungen, die die Züge des Gewehrlaufs auf den Testkugeln hinterließen, stimmten mit jenen auf den sichergestellten Kugeln aus Yülücks Wagen überein. Das G 3 war also die Mordwaffe. Da es den Technikern mit ihren Präzisionsgeräten auch gelang, die ausgeschliffene Waffennummer zu rekonstruieren, konnten sich die Ermittlungsbeamten bald auf die Suche nach dem Besitzer der Waffe machen.

Anfragen bei der Bundeswehr ergaben, dass das fragliche Gewehr ein halbes Jahr zuvor von einer Einheit in Neumünster als gestohlen gemeldet worden war. Der Wehrpflichtige, dem die Waffe während seiner Dienstzeit zugeteilt worden war und der sie als gestohlen gemeldet hatte, wohnte zurzeit in Norderstedt. Er hieß Klaus Kujadt und war inzwischen aus dem Wehrdienst entlassen worden.

Zwei Beamte der Mordkommission Hamburg suchten den Mann an seinem Wohnort auf und befragten ihn noch einmal zum Verlust des Gewehrs. Zunächst schilderte er ihnen den Vorfall so, wie er ihn auch bei der Bundeswehr zu Protokoll gegeben hatte. Den erfahrenen Kriminalbeamten gelang es jedoch schnell, ihn in zahlreiche Widersprüche zu verstricken. Er gab daher schließlich zu, das Gewehr selbst entwendet und in Hamburg auf der Reeperbahn verkauft zu haben. Kujadt wurde daraufhin nach Hamburg gebracht, wo er sich in einer amtlichen Bildkartei Personen ansah, die schon einmal wegen Waffenhandels straffällig geworden waren. Unter diesen konnte Kujadt seinen Käufer dann auch tatsächlich identifizieren. Es war ein Mann, der der Kriminalpolizei hinlänglich bekannt war und der bereits wegen verschiedener Delikte Haftstrafen verbüßt hatte. Zurzeit war er auf freiem Fuß und lebte mit einer Prostituierten in der Nähe des Fischmarkts in Altona.

Als die Beamten ihn aufsuchten und auf das Gewehr ansprachen, leugnete er, die Waffe jemals gesehen zu haben. Erst als man ihm versicherte, dass er im Falle einer Kooperation nicht wegen Waffenhandels angeklagt würde, gestand er, im Frühjahr ein G 3 von einem Soldaten gekauft zu haben. Die Waffennummer habe er mit einer Schleifscheibe entfernt. Wem er das Gewehr anschließend verkauft hatte, wollte er zunächst nicht wissen. Erst als ihm die Beamten mit einer Verhaftung drohten, wurde er wieder gesprächiger. Er konnte zwar keinen Namen nennen, dafür aber eine gute Beschreibung seines Kunden liefern.

Daraufhin wurden auch ihm Bilder aus der Verbrecherkartei vorgelegt, anhand derer sein ehemaliger Kunde schließlich identifiziert werden konnte.

Der Kunde hieß Armin Kowalski, war ein alter Bekannter der Polizei und ein wesentlich härterer Bursche als der

Waffenhändler. Er stammte aus Recklinghausen, lebte aber schon seit Jahren in Hamburg. Körperlich war er ein Hüne, geistig eher etwas zurückgeblieben. Kowalski war mehrfach vorbestraft, unter anderem wegen Einbruchs, schwerer Körperverletzung, unerlaubten Waffenbesitzes und einiger kleinerer Delikte. Er gehörte der so genannten Ostmafia an, die vor allem im östlichen Bezirk St. Paulis operierte. Prostitution, Mädchenhandel, Glücksspiel und Drogenhandel waren die Haupteinnahmequellen der Bande. Zwar hatte die Polizei bereits ein paar empfindliche Schläge gegen sie landen können, doch den Hintermännern, zwei ehemaligen Geheindienstoffizieren des KGB, hatte sie nie eine Verbindung zu den kriminellen Machenschaften der Gruppe nachweisen können.

Um Kowalski festzunageln, mussten die Ermittler also vorsichtig vorgehen. Sie befragten daher zunächst alle Personen, die in der Nähe des Tatorts wohnten oder arbeiteten. Die Beamten zeigten ihnen ein Foto von Kowalski und erkundigten sich, ob sie diesen Mann schon einmal gesehen hätten. Eine Frau, die im Erdgeschoss des Hauses wohnte, aus dem der tödliche Schuss abgefeuert worden war, konnte sich erinnern, dass Kowalski sich einige Tage vor dem Mord bei ihr erkundigt hatte, ob in ihrem Haus eine Wohnung leer stehe und wer der Vermieter sei. Auch ein Kioskbesitzer war sich sicher, den Mann schon einmal gesehen zu haben.

Die Ermittler beschlossen daraufhin, Armin Kowalski zur Vernehmung ins Polizeipräsidium zu bringen. Da sie damit rechnen mussten, dass Kowalski bewaffnet war und dass er, wenn er sich in Gefahr wähnte, rücksichtslos von der Waffe Gebrauch machen würde, rückten sie mit einem großen Polizeiaufgebot bei ihm an. Kowalski war jedoch nicht zu Hause. Seine Wohnung machte den Eindruck, als sei er Hals über Kopf abgereist.

Bei einer nachfolgenden Durchsuchung fanden Beamte der Spurensicherung heraus, dass Kowalski Schuhgröße 46 besaß und seine Schuhsohlen an den Innenseiten stärker abnutzte, als an den Außenseiten. Schuhe, die dasselbe Profil aufwiesen wie jene, deren Abdrücke in der Wohnung an der Schanzenstraße sichergestellt worden waren, wurden jedoch nicht gefunden. Dafür ergab eine spätere Untersuchung, dass die DNA einiger Haare aus einem Kamm in Kowalskis Badezimmer mit jener der Lippenspuren an dem in der Wohnung aufgefundenen Pappbecher übereinstimmte.

Auf der Grundlage dieser Erkenntnisse wurde eine Großfahndung nach Kowalski eingeleitet. Es sollte jedoch ein halbes Jahr dauern, bevor der Gesuchte der Polizei ins Netz ging.

Bei der ersten Vernehmung nach seiner Verhaftung verweigerte Kowalski die Aussage. Und auch später konnte niemand etwas aus ihm herausbringen. Weder seinem Verteidiger, noch dem Richter gegenüber äußerte er sich in irgendeiner Form zu der ihm vorgeworfenen Tat.

Aufgrund der Indizien, die gegen ihn vorlagen, insbesondere aber wegen der übereinstimmenden DNA-Proben, wurde Kowalski schließlich zu einer langjährigen Freiheitsstrafe verurteilt.

Wer tatsächlich hinter dem Mord an Mehmet Yülück steckte, ob es, wie die Beamten annahmen, wirklich die Ostmafia war, konnte jedoch nie ermittelt werden. Mit Kowalski hatte zwar ein Täter seine Strafe erhalten, doch die Hintermänner blieben unentdeckt.

Eine Ladung Schrot – Waffenprofis entschlüsseln ein Rätsel

Am Samstag, dem 27. Dezember herrschte auf dem Polizeirevier von Mirow nachweihnachtliche Stimmung. Draußen war es frostig und ruhig. Für Betrunkene und Randalierer war es noch zu früh, und Verkehrsunfälle hatten sich bislang glücklicherweise nicht ereignet. Gegen 16 Uhr saßen die diensthabenden Beamten bei Kerzenschein und Kuchen im Aufenthaltsraum und genossen den friedlichen Leerlauf. Und zwar umso mehr, als sie wussten, dass die ruhige Phase spätestens Silvester zu Ende sein würde.

In diesem Jahr sollte es jedoch schon früher unruhig werden. Um genau 16.15 Uhr beendete ein Telefonanruf die Gemütlichkeit. Eine aufgeregte Männerstimme meldete einen Angeschossenen. Der Anrufer erklärte, dass er sich südlich von Dossow im Jagdrevier eines Dr. Döring befände. Eine genauere Beschreibung könne er nicht geben, da er sich in der Gegend nicht auskenne. Auf die konkrete Nachfrage des Beamten hin, der den Anruf entgegen genommen hatte, gab er zu verstehen, dass der Angeschossene seiner Meinung nach bereits tot sei. Der Beamte wies den Anrufer daraufhin an, sich vom Unfallort fern zu halten, damit er keine Spuren verwische. Er solle an der nächst gelegenen Straße auf den Streifenwagen warten, der sofort losfahren und in etwa 20 Minuten beim ihm sein würde.

Nachdem er seine Kollegen instruiert hatte, informierte der Beamte, der den Anruf entgegen genommen hatte, den Notarzt, die Staatsanwaltschaft und die Kriminalpolizei.

Die Beamten, die mit dem Streifenwagen ausgeschickt worden waren, brauchten einige Zeit, bis sie die genaue Unfallstelle fanden. Endlich angekommen, mussten sie dann feststellen, dass der Anrufer sich nicht an die Anweisungen ihres Kollegen gehalten hatte. Er kniete über eine am Boden liegende Person, die er offenbar wiederzubeleben versuchte.

Einer der Beamten bat den Anrufer daher als erstes, sich von der Unfallstelle zu entfernen. In ausreichender Entfernung von der am Boden liegenden Person nahm er dann die Personalien des Mannes auf. Der zweite Beamte untersuchte inzwischen den reglosen Körper. Auch er kam rasch zu der Überzeugung, dass der Mann tot war. Von dem Anrufer, der sich als Herbert Nauenburg ausgewiesen hatte, erfuhren sie, dass es sich um den Jagdpächter Dr. Joachim Döring handelte.

Gleich bei der Leiche befanden sich zwei Waffen, die die Beamten sofort sicherstellten. Es waren Schrotflinten, eine gehörte dem Toten, die andere Nauenburg. Die Läufe der Flinten waren aufgeklappt, so dass die Beamten sofort feststellen konnten, dass die Waffen nicht geladen waren. Zusätzlich zu diesen Flinten stellten die Beamten alle Patronen sicher, die Nauenburg und der Tote mit sich geführt hatten. Sie sollten in den nächsten Tagen von einem Waffenexperten überprüft werden.

Vorerst nahmen die anwesenden Streifenpolizisten über Funk jedoch erst einmal Verbindung mit dem Notarzt auf und beschrieben ihm die genaue Lage des Unfallorts. Der Notarzt traf wenig später ein. Auch er konnte nur noch den Tod Dr. Dörings feststellen. Als Todesursache vermutete er einen Schuss aus einer Schrotflinte.

Nach und nach trafen nun Beamte der zuständigen Mordkommission, einige Techniker der Spurensicherung, ein Rechtsmediziner und zuletzt ein Vertreter der Staatsanwaltschaft ein.

Der Unfallort wurde abgesperrt und von der Spurensicherung abgesucht. Dort, wo der Tote lag, war jedoch nichts mehr zu entdecken. Nauenburg hatte in seinem Bemühen, Dr. Döring zu helfen, alle eventuellen Spuren verwischt. An der Stelle, von wo aus Nauenburgs Aussage zufolge der Schuss abgefeuert worden war, der Dr. Döring getötet hatte, fanden die Beamten hingegen viele Fußspuren und abgebrochene Zweige. Die Stelle lag hinter einigen Büschen, die von einem mittelhohen Kiefernwäldchen umgeben waren. Dahinter erstreckte sich ein Wiesengrund, der von einem kleinen Flüsschen genannt Dosse begrenzt wurde.

Wie Nauenburg den Beamten erklärte, durften die meisten Spuren von ihm stammen. Als der Schuss gefallen und Dr. Döring zu Boden gesackt war, habe er sich in den Graben an der rechten Seite des Wegs geworfen. Als dann nichts weiter geschehen war, sei er aufgestanden und habe das Gebüsch durchsucht. Das Schutzsuchen im Straßengraben sei eher auf einen Reflex zurückzuführen gewesen als auf Angst. Auch beim Durchsuchen des Gebüschs habe er keine Angst gehabt. Er sei lediglich wütend gewesen, dass irgendein Idiot geschossen hatte, ohne sich zuvor zu überzeugen, ob seine Schusslinie frei sei. Er habe in dem Moment gar nicht daran gedacht, dass außer ihm und Dr. Döring zu diesem Zeitpunkt niemand im Revier hätte jagen dürfen. Erst als er Dr. Döring reglos auf dem Boden liegen sah, sei er in Panik geraten. Anfangs habe er nicht gewusst, was er hätte tun sollen, dann jedoch hatte er Dr. Döring auf den Rücken gedreht und gesehen, dass er zahlreiche Einschusslöcher auf der Brust hatte, die offensichtlich von Schrotkugeln stammten. Er habe Dr. Dörings Puls gefühlt und kein deutliches Lebenszeichen mehr ausmachen können. Anschließend habe er über sein Handy sofort die Polizei alarmiert.

Die Techniker der Spurensicherung untersuchten die beschlagnahmten Flinten und stellten fest, dass aus der Flinte von Dr. Döring geschossen worden war, aus der Flinte von Nauenburg jedoch nicht.

Nauenburg konnte diesen Umstand sofort erklären. Dr. Döring und er seien am Morgen von Berlin aus nach Dossow gefahren, um dem von Dr. Döring gepachteten Jagdgebiet Hasen zu jagen. Der eigentliche Grund für ihren Ausflug sei jedoch geschäftlicher Natur gewesen; es hätte einige Fragen gegeben, über die sie sich einmal in Ruhe hätten unterhalten müssen. Daher hätten sie mit dem Jagen auch gar nicht ernsthaft begonnen. Nach ihrer Ankunft hätten sie sich vielmehr erst einmal auf einen Baumstamm gesetzt und ihre Angelegenheiten besprochen. Irgendwann während des Gesprächs habe Dr. Döring dann einen Marder gesehen. Er habe auf das Tier geschossen, sei jedoch nicht ganz bei der Sache gewesen, daher sei der Schuss daneben gegangen. Naumann selbst habe seine Waffe bis zuletzt nicht einmal geladen gehabt.

Der tödliche Schuss sei einige Zeit später gefallen, als die Dämmerung bereits hereingebrochen war. Trotz ihrer warmen Jagdkleidung sei ihnen recht kalt geworden; zudem hätten sie keine sonderliche Lust mehr zum Jagen gehabt und hatten auch alles besprochen, was zu besprechen gewesen war. Sie hatten daher nach Hause fahren wollen und waren auf dem Weg zu Dr. Dörings Wagen gewesen, als plötzlich der Schuss gefallen war. Zu diesem Zeitpunkt seien sie etwa 20 Meter von dem Gebüsch entfernt gewesen, aus dem der Schuss Naumanns Meinung nach gekommen war.

Als einer der Ermittler ihn fragte, ob er, abgesehen von dem Schuss, nichts anderes gehört habe – Schritte, brechende Zweige oder Ähnliches –, meinte Nauenburg, dass er viel zu verwirrt gewesen sei, um auf so etwas zu achten. Wenn er nun darüber nachdachte, meine er sich zu erinnern, etwas gehört zu haben, das wie das Zerbrechen von Zweigen geklungen hatte. Er sei sich jedoch nicht sicher, ob das wirklich so gewesen sei, oder ob er sich das im Nachhinein nur einbilde.

Nachdem die Techniker der Spurensicherung die Leiche freigegeben hatten, wurde sie von dem anwesenden Rechtsmediziner untersucht. Dessen vorläufiger Befund stimmte mit dem des Notarztes überein. Dr. Döring war durch eine Ladung Schrot getötet worden. Der Schuss hatte die Brust des Opfers in Herzhöhe getroffen; Dr. Döring musste daraufhin sofort tot gewesen sein.

Als die Polizeifotografen Tatort und Leiche aus allen möglichen Perspektiven fotografiert hatten, wurde die Leiche in einen Plastiksack gepackt – und zwar sehr vorsichtig, damit keine Spuren verloren gingen – und anschließend in einem Metallsarg in die Rechtsmedizin überführt.

Nauenburg durfte im Anschluss an seine Aussage nach Hause fahren. Er wurde aber verpflichtet, seinen Wohnort Berlin vorerst nicht zu verlassen und sich für eventuelle weitere Vernehmungen bereit zu halten. Bevor er abfuhr erklärte er sich noch bereit, Dr. Dörings Gattin die traurige Mitteilung vom Tod ihres Mannes selbst zu überbringen. Zwar war es prinzipiell die Aufgabe der Polizei, die nächsten Angehörigen des Toten zu informieren, doch da Naumann die Beamten eindringlich darum bat, diese an ihn abzutreten, mit dem durchaus überzeugenden Argument, dass er Frau Döring die Nachricht sicher schonender und persönlicher würde übermitteln können als sie, ließen sie ihn gewähren.

Nachdem die Untersuchungen am Tatort abgeschlossen waren, richteten sich die Ermittlungen der Mordkommission auf die Überprüfung des sozialen Umfelds des Toten. Nun musste man herausfinden, ob sein Tod ein Unfall gewesen war, also eine versehentliche Tötung mit anschließender Flucht des Täters, oder ob die Beamten es mit einem vorsätzlichen Mord zu tun hatten, was wiederum die Frage nach einem möglichen Motiv aufwarf.

Der Pathologe führte inzwischen die Autopsie der Leiche durch. Zunächst wurde die Kleidung des Toten auf Spuren hin untersucht. Besondere Aufmerksamkeit galt dabei den Einschusslöchern. Die Kugeln hatten die Kleidung glatt durchschlagen. An den Rändern der Löcher konnten Bleirückstände nachgewiesen werden.

An der Leiche selbst entdeckte der Pathologe eine Vielzahl von Einschüssen, die sich in einem kreisrunden Bereich von 48 Zentimeter Durchmesser auf der Brust verteilten. Andere Verletzungen waren nicht vorhanden. Der Tod war demnach aller Wahrscheinlichkeit nach durch die Schrotkugeln verursacht worden. Die Leichenöffnung bestätigte diese Diagnose. Die Kugeln hatten das Herz, die Lunge und die Aorta zerfetzt. Alle anderen Organe befanden sich in einem dem Alter des Toten entsprechenden, gesunden Zustand. Der Tod war, wie Nauenburg angegeben hatte, gegen 16 Uhr eingetreten. Eine Temperaturmessung des Körpers, die der Pathologe noch am Tatort vorgenommen hatte, bestätigte diese Aussage ebenso wie die Begutachtung der Leichenflecke.

Proben von den verschiedenen Körperflüssigkeiten wie Blut, Urin, Gehirnflüssigkeit sowie Mageninhalt und Gewebeproben wurden für eine weitere Untersuchung zum medizinisch-technischen Labor gebracht. Ihre Auswertung stützte die bisherigen Erkenntnisse und belegte, dass Dr. Döring zum Zeitpunkt seines Todes bei vollem Bewusstsein gewesen war. Er hatte weder unter Drogen- noch unter Medikamenteneinfluss gestanden. Zwar wurde in seinem Blut eine gewisse Konzentration an blutdrucksenkenden Präparaten festgestellt, doch diese hatte das Opfer, wie weitere Nachforschungen ergaben, auf die Anweisung seines Hausarztes hin regelmäßig eingenommen.

Im polizeitechnischen Labor hatte ein Waffenexperte unterdessen die Fotografien der Schussbilder ausgewertet. Aus dem Durchmesser, der in der Leiche gefundenen Schrotkugeln und der Durchschlagskraft der Kugeln ermittelte er sowohl das Kaliber der verwendeten Patrone als auch die Entfernung, aus der der tödliche Schuss abgegeben worden sein musste. Letztere stimmte nicht mit den Angaben Nauenburgs überein. Da die Tatwaffe fehlte, machte der Experte Schussversuche mit verschiedenen Waffen gleichen Kalibers. Die Schüsse bestätigten die theoretisch ermittelten Werte. Bei zehn Metern Entfernung vom Opfer betrug die Streuweite der Schrotkugeln durchschnittlich 50 Zentimeter, bei 15 Metern lag die Streuweite bei 78 Zentimeter und bei 20 Meter Entfernung wurden die Kugeln über einen Meter weit gestreut. Die Einschüsse auf der Brust des Opfers verteilten sich jedoch, wie der Pathologe bereits festgestellt hatte, auf einer Fläche von 48 Zentimeter Durchmesser. Anders als Nauenburg es geschildert hatte, konnte der Schütze also unmöglich aus einer Entfernung von 20 Metern auf Dr. Döring geschossen haben.

Auch eine erneute Überprüfung des Tatorts führte zu der Erkenntnis, dass Dr. Döring bei einem Schussabstand von unter zehn Metern nicht aus der von Nauenburg angegebenen Buschgruppe heraus erschossen worden sein konnte. Von dort aus abgefeuerte Schrotkugeln hätten ihn unter keinen Umständen auf die Weise treffen können, wie sie es getan hatten. Wenn Dr. Döring, als er erschossen wurde, dort gestanden hatte, wo Nauenburg es angegeben und wo die Polizei seine Leiche aufgefunden hatte, dann musste der Schütze zur Tatzeit ungedeckt etwa zehn Meter vor Dr. Döring auf dem Waldweg gestanden haben.

Um sicherzugehen, wurden alle Ergebnisse noch einmal überprüft, doch an dem ersten Befund änderte sich nichts. Nauenburg musste also schlicht gelogen oder sich geirrt haben, als er angab, der tödliche Schuss sei aus dem Gebüsch am Wegrand abgefeuert worden.

Auf der Grundlage dieser Erkenntnisse wurde Nauenburg erneut vernommen. Die Beamten sagten ihm nicht, dass sie seine erste Aussage anzweifelten, fragten aber gezielt noch einmal nach seiner Meinung zum vermeintlichen Standort des Todesschützen. Nauenburg blieb daraufhin nicht nur bei seiner ursprünglichen Darstellung, er schloss sogar ausdrücklich aus, sich geirrt zu haben.

Für die Kriminalpolizei wurde er aufgrund der Unstimmigkeit zwischen seiner Aussage und den Ergebnissen ihrer Laboruntersuchungen tatverdächtig, auch wenn aus seiner Waffe definitiv nicht geschossen worden war. Nachweisen konnte man ihm jedoch nichts. Das Problem war, dass die Tatwaffe bislang nicht gefunden worden war. Erst wenn man diese besaß und mit Nauenburg in Verbindung bringen konnte, konnte man an dieser Täterhypothese weiter arbeiten.

Um die Tatwaffe zu finden, wurde das Gelände um den Tatort herum von einer Hundertschaft der Polizei weiträumig durchkämmt. Selbst die Dosse wurde abgesucht.

Außer zwei Autoreifen und einem alten Fahrrad fand man jedoch nichts.

Inzwischen hatten die Beamten, die Dr. Dörings soziales Umfeld hatten erforschten sollen, ein umfassendes Dossier über das Mordopfer erstellt. Dr. Joachim Döring war zum Zeitpunkt seines Todes 40 Jahre alt gewesen und hatte ein Büro am Kurfürstendamm besessen. Dort hatten zwei Mitarbeiter für ihn gearbeitet, die 38-jährige Sekretärin Angelika Hochut, und Joachim Seller, ein Mann Mitte 30, dem kein festes Aufgabengebiet zugewiesen worden war, sondern der sich vielmehr als Mädchen für alles betätigte. Seller war groß, muskulös, hatte eine eingedrückte Nase und machte auf die Beamten eher den Eindruck eines Preisboxers als den eines gewöhnlichen Büroangestellten. Sie nahmen an, dass er hauptsächlich als Leibwächter fungierte.

Dr. Döring hatte als Wirtschaftsberater für verschiedene namhafte Firmen gearbeitet. Worin genau seine Aufgaben bestanden hatten, konnte seine Sekretärin nicht sagen, und Seller tat, als wisse er von nichts. Die Auskünfte der Sekretärin klangen glaubhaft, die von Seller nicht.

Eine Befragung von Dr. Dörings Bekannten und Geschäftspartnern ließ erkennen, dass die Wirtschaftsberatung offenbar nur ein Teilbereich von Dr. Dörings Tätigkeit gewesen war, eine Art Aushängeschild. Gewinnträchtiger schienen andere Geschäfte gewesen zu sein. Ohne dass die Beamten über sichere Erkenntnisse verfügten, gelangten sie zu der Überzeugung, dass Dr. Döring vertrauliche Informationen, die er im Zuge seiner Beratertätigkeit erhalten hatte, für Erpressungen genutzt hatte. Dies würde zumindest erklären, wie er seinen aufwendigen Lebensstil finanziert hatte. Abgesehen von seiner Jagd bei Wittstock besaß er nämlich noch eine stattliche Motoryacht auf dem Wannsee, eine Villa im Grunewald und drei kostspielige Autos, darunter einen Ferrari. Seller, den die Ermittlungsbeamten zu einem zweiten Verhör ins Präsidium geladen hatten, wurde zwar etwas gesprächiger, als man ihn mit einigen Aussagen konfrontierte, die die zweifelhaften Einkommensquellen seines Arbeitgebers zu enthüllen schienen, aber auch er konnte ihnen zu Dr. Dörings Tätigkeiten nicht viel mehr sagen, als dass manche Geschäftstreffen an einsamen Orten auf dem Lande stattgefunden hatten und er selbst bei diesen Gelegenheiten immer eine Waffe hätte bei sich tragen sollen. Warum ihn Dr. Döring am Tag nach Weihnachten nicht mit auf die Jagd genommen hatte, konnte er nicht sagen. Glaubte man seinen Angaben, dann hatte er gar nicht gewusst, dass sein Chef in Dossow gewesen war. Herbert Nauenburg war Seller bekannt. Sein Chef habe hin und wieder mit ihm zu tun gehabt, erklärte er. Wahrscheinlich hatte er für Dr. Döring Informationen beschafft, jedenfalls hatte Selling diesbezüglich einmal etwas gehört. Worauf sich die Informationen bezogen, konnte oder wollte Seller jedoch nicht sagen.

Um mehr über Dr. Dörings Finanzen und Vermögensquellen zu erfahren, schaltete die Polizei die Steuerfahndung ein.

Die Vernehmung von Dr. Dörings Gattin ergab unterdessen nicht viel Neues. Sie war eine verwöhnte Frau aus den vermeintlich besseren Kreisen Berlins. Ihr schien es egal zu sein, womit ihr Mann sein Geld verdient hatte, Hauptsache es war genügend vorhanden gewesen. Ihren Angaben zufolge war ihr Mann immer großzügig gewesen, und in der Ehe hatte es keine finanziellen Probleme gegeben. Auch partnerschaftliche Probleme schienen die Eheleute nicht gehabt zu haben. Diskrete Ermittlungen zumindest ergaben, dass sich Frau

Döring mit keinem anderen Mann traf. Und auch Döring selbst hatte offenbar keine außereheliche Beziehung unterhalten.

Nauenburg habe sie, wie Frau Döring den Beamten erklärte, nur flüchtig gekannt. Sie habe ihn einige Male im Haus und auf der Yacht getroffen, weil er regelmäßig mit ihrem Mann zu tun gehabt hatte. Gesellschaftlichen Umgang habe sie jedoch nicht mit ihm gepflegt. Nauenburg sei ihr immer unsympathisch gewesen. Sie habe auch nicht gewusst, dass ihr Mann an seinem Todestag mit ihm zur Jagd gefahren sei. Ihr Mann hatte ihr lediglich gesagt, dass er sich mit einem Geschäftspartner habe treffen wollen.

Auf die Frage, ob es ein Testament gäbe und ob sie wisse, wer der Hauptbegünstigte sei, stutzte Frau Döring zunächst, meinte dann aber, sie wisse es nicht genau, nähme aber an, dass ihr Mann ein Testament gemacht habe. Falls es eines gäbe, müsse dies bei Dr. Bauer hinterlegt sein, dem Anwalt ihres Mannes, der sich um all dessen rechtliche Angelegenheiten gekümmert habe. Ihres Wissens sei sie die alleinige Erbin. Die Frage, wie groß das Vermögen ihres Mannes sei, konnte sie jedoch nicht beantworten. Über Geld habe sie mit ihrem Mann nie gesprochen. Das wäre auch gar nicht nötig gewesen, denn was sie gebraucht habe, hätte ihr stets zur Verfügung gestanden.

Die Ermittlungen im Umfeld von Herbert Nauenburg führten zu einigen interessanten Ergebnissen. Nauenburg besaß gleich zwei Betriebe, eine Autovermietung und ein Detektivbüro. Die Autovermietung wurde im Wesentlichen von zwei jungen Frauen geführt. Das Detektivbüro hingegen war ein Einmannunternehmen. Es gab keinen Eintrag im Telefonbuch, und Nauenburg schien auch sonst keine Werbung dafür zu machen. Als Privatdetektiv besaß er eine gültige Lizenz, die erst vor einem halben Jahr erneuert worden war. Das ließ den Schluss zu, dass er, obwohl er für sein Unternehmen nicht warb, auf diesem Gebiet noch tätig war.

Auf eine direkte Nachfrage der Ermittler hin gab Nauenburg an, dass das Detektivbüro mehr ein Hobby als ein lukratives Geschäft für ihn sei. Er räumte ein, dass er hin und wieder Aufträge für Dr. Döring übernommen habe, wollte dazu aufgrund seiner Schweigepflicht jedoch nicht mehr sagen, als dass er für ihn die Anschriften einiger säumiger Zahler ermittelt habe. Das Verhältnis zu Dr. Döring beschrieb er als freundschaftlich. Die Tätigkeit als Privatdetektiv sei gewissermaßen ein Nebenprodukt dieser Freundschaft gewesen. Ein besonderes Verhältnis zu Frau Döring unterhielte er nicht, erklärte Nauenburg. Er sei ihr nur ab und zu begegnet, wenn er Dr. Döring besucht habe. Seine Aussage stimmte in diesem Punkt fast wörtlich mit der von Frau Döring überein.

Mit dieser letzten Aussage waren die Ermittlungen fast zum Stillstand gekommen. Die Nachforschungen hatten zu keiner konkreten Spur geführt. Es gab einen Toten, der durch eine Ladung Schrot getötet worden war, und es gab einen Zeugen, der offensichtlich gelogen hatte und dadurch schwer tatverdächtig geworden war. Sollte Nauenburg jedoch tatsächlich der Täter gewesen sein, wie hatte er seine Tat dann ausgeführt? Fest stand, dass aus Nauenburgs Flinte nicht geschossen worden war. Und Zeit, eine Flinte irgendwo anders zu verstecken als in der Nähe des Tatorts, hatte er nicht gehabt. Zwischen Dörings Tod und dem Eintreffen der Polizei am Tatort waren nur 20 Minuten vergangen. Das hieß, dass Nauenburg die Flinte maximal in einer in zehn Minuten zu Fuß zu bewältigenden Entfernung versteckt haben konnte. Das Gelände war jedoch in einem wesentlich größeren Umkreis abgesucht worden, und man hatte keine Flinte gefunden. Vor dieser Suche hätte Nauenburg auch nicht wieder in das Revier zurückfahren können, ohne dass die Beamten es bemerkt hätten, denn die Polizei hatte all seine Schritte seit Verlassen des Tatorts verfolgt.

Wo aber war die Tatwaffe dann geblieben, und vor allem, wo war sie hergekommen? Nauenburg hatte sie schlecht während des gesamten Jagdausflugs mit sich führen können, ohne Dr. Dörings Misstrauen zu erregen. So blieb nur die Möglichkeit, dass er sie nach dem Mord gegen eine andere, zuvor versteckte Waffe, vertauscht hatte. Es war aber auch möglich, dass Nauenburg einen Helfer gehabt hatte. Er oder sie hätte sich mit der Waffe im Wald versteckt haben und sie nach der Tat austauschen können. Für diesen Komplizen wäre es leicht gewesen, den Tatort zu verlassen, bevor die Polizei eingetroffen war.

Finanziell begünstigt war durch Dr. Dörings Tod nur dessen Ehefrau. Sie würde sein gesamtes Vermögen erben, das hatte eine Nachfrage bei Dr. Dörings Rechtsanwalt bestätigt. Auch wenn die genaue Höhe noch nicht feststand, dürfte das Erbe beträchtlich sein, das jedenfalls hatten Mitarbeiter der Steuerfahndung angedeutet. Für die Ermittler stellten sich in diesem Zusammenhang einige Fragen: War Frau Döring mit ihrem Mann wirklich so glücklich gewesen, wie sie vorgab? Gab es vielleicht doch einen anderen Mann in ihrem Leben? Wäre es möglich, dass Frau Döring und Herbert Nauenburg Komplizen waren?

Um dies herauszufinden, befragte man Personen, die bei den bisherigen Ermittlungen zunächst außer Acht gelassen worden waren: die Haushälterin, die Putzfrauen und die Fensterputzer der Dörings. Diese Befragungen brachten den Beamten Erkenntnisse, die ein neues Licht auf den Fall warfen. Die Ehe der Dörings war durchaus nicht so glücklich und harmonisch verlaufen, wie sie nach außen hin hatte scheinen sollen. Gerade in letzter Zeit war es häufiger zum Streit zwischen den Eheleuten gekommen. Den Anlass dazu kannten die Befragten nicht. Doch sowohl die Haushälterin als auch eine der Putzfrauen waren überzeugt, dass Frau Döring einen Liebhaber hatte. Ihre Begründungen dafür waren zwar nur wenig fundiert – sie meinten, Frau Döring sei in letzter Zeit immer öfter mit einer leicht zerzausten Frisur nach Hause gekommen und habe anschließend immer lange und ausgiebig geduscht – doch da es die einzige Spur war, die die Beamten hatten, wollten sie sie nicht außer Acht lassen.

Noch einmal wurde daher das gesamte soziale Umfeld von Frau Döring überprüft. Doch so intensiv man auch suchte, einen Geliebten konnte man nicht finden. Frau Döring schien eine überaus treue Ehefrau gewesen zu sein.

Die Beamten ließen Frau Döring daraufhin beschatten. Einige Tage lang geschah nichts Besonderes. Nach fünf Tagen jedoch folgten Frau Döring zwei Zivilbeamtinnen zur Autovermietung von Herbert Nauenburg. Frau Döring stieg dort in eine bereitstehende Limousine um und fuhr in die Innenstadt zum Nobelhotel »Adlon«. Dort suchte sie Zimmer 245 auf und blieb drei Stunden dort. Anschließend ließ sie ihren Mietwagen vorfahren, fuhr ihn zurück zu Nauenburgs Firma und kehrte in ihrem eigenen Wagen nach Hause zurück. Die Beamtinnen waren ihr wieder bis zu ihrer Villa gefolgt, während ein zweites Team den Gast auf Zimmer 245 aufsuchte.

Bei der Überprüfung des Hotelzimmers erlebten die Beamten eine Überraschung. Entgegen ihrer festen Überzeugung öffnete ihnen kein Mann, sondern eine Frau die

Zimmertür. Die etwa 30-Jährige war noch im Morgenmantel, als die Beamten bei ihr klopften. Das hinter ihr im Zimmer stehende Bett war zerwühlt, so als hätte darin vor kurzem ein leidenschaftliches Liebesabenteuer stattgefunden. Die junge Frau war durch das Auftauchen der Beamten völlig verwirrt. Die Polizisten nahmen ihre Chance wahr und befragten sie nach ihrem Verhältnis zu Frau Döring. Die Frau, sie hieß Helen Münster, versuchte gar nicht erst, das Augenscheinliche zu leugnen. Sie sei das Versteckspielen ohnehin leid und könne auch nicht verstehen, warum sich Frau Döring nicht schon längst von ihrem Mann getrennt habe.

Nach Frau Münsters Aussage waren Frau Döring und sie seit vier Jahren ein Liebespaar. Sie hatten sich auf einer Party im Yachthafen kennen gelernt und sich sofort stark zueinander hingezogen gefühlt. Frau Dörings lesbische Veranlagung sei ihr erst nach ihrer Heirat bewusst geworden. Dadurch, dass sie sich ihrem Mann körperlich immer mehr verweigert habe, sei es regelmäßig zum Streit zwischen den Ehepartnern gekommen. Frau Münster habe ihrer Geliebten daraufhin immer wieder geraten, sich scheiden zu lassen, doch Frau Döring hatte von ihrem Mann Geld dafür haben wollen, dass sie ihn freigab. Dieser hatte sich jedoch geweigert, ihr irgendetwas zu zahlen.

Helen Münster wurde aufs Polizeipräsidium gebracht, wo ihre Aussage zu Protokoll genommen wurde.

Inzwischen hatte man auch Frau Döring zu einem Verhör aufs Revier geholt. Die Polizisten hatten es bewusst so eingerichtet, dass Frau Döring Helen Münster in einem Vernehmungsraum sehen konnte. Dies verfehlte seinen Zweck nicht, Frau Döring war sichtlich irritiert. Zwei erfahrene Vernehmungsbeamten nahmen sie in Empfang. Sie ließen ihr keine Zeit, ihre Gedanken zu sortieren. Ohne es direkt auszusprechen, machten die Beamten ihr deutlich, dass gegen Helen Münster Beweise vorlägen, die sie mit dem Mord an Dr. Döring in Verbindung brächten.

Es dauerte nicht lange und Frau Döring brach ihr Schweigen. Ihre Geliebte wollte sie offensichtlich nicht belastet sehen.

Sie gestand, den Tod ihres Mannes geplant, wenn auch nicht ausgeführt zu haben. Sie hatte sich dazu Herbert Nauenburgs bedient. 100 000 Euro hatte sie ihm dafür geboten, dass er ihren Mann tötete. Den Plan, ihn auf der Jagd zu erschießen, habe Nauenburg ausgetüftelt. Während er ihren Gatten in sein Jagdrevier gelockt hatte, hätte sie bereits mit einer Schrotflinte in einem Gebüsch gehockt und auf die Männer gewartet. Als diese schließlich bei dem Gebüsch angekommen waren, hätte Nauenburg aus kurzer Entfernung auf ihren Mann geschossen. Der sei sofort zu Boden gesunken. Nauenburg und sie hätten dann die Waffen getauscht, und sie sei mit einem von Nauenburgs Mietwagen nach Hause gefahren. Die Schrotflinte hätte Nauenburg später bei ihr abgeholt und dann vermutlich verschwinden lassen.

Aufgrund dieser Aussage wurde Herbert Nauenburg verhaftet und des Mordes an Dr. Döring angeklagt. Er leugnete jedoch, die Tat begangen zu haben. Sowohl gegenüber den Beamten als auch gegenüber seinem Verteidiger. Selbst vor Gericht blieb er bei der Schilderung, die er kurz nach den Ereignissen im Wald bei Dossow zu Protokoll gegeben hatte.

Diese Unschuldsbeteuerungen nützten ihm vor Gericht jedoch nichts. Die Erkenntnisse der Waffenspezialisten sprachen eindeutig gegen seine Aussage, und so wurde er für schuldig befunden, den Mord an Dr. Döring geplant und ausgeführt zu haben. Er erhielt eine hohe Freiheitsstrafe. Frau Döring wurde der Mittäterschaft angeklagt und ebenfalls zu einer Freiheitsstrafe verurteilt. Da sie geständig war und mit der Polizei kooperiert hatte, fiel ihre Strafe jedoch geringer aus als die von Nauenburg.